厳しい税務調査がやってくる

「続　間違いだらけの相続税対策」

税理士
秋山清成　著

中央経済社

はじめに

平成3年にバブルが崩壊して29年、元号も令和に移り、不況の時代から脱皮しかけていたように映る令和2年でしたが、誰もが予想だにしなかったコロナウイルスが全世界に蔓延しました。

パンデミックが映画の世界から現実の世界に。著名人が突然亡くなられるなどショッキングなニュースが拍車をかけました。

令和という新たな時代に、日本全体が気持ちも新たに2回目の東京オリンピックに向けて頑張ろうと思っていた矢先だけに、残念でならないですね。

昨年まではオリンピック景気で、特に東京の地価はうなぎ登りだったのですが、コロナ禍でかなり停滞してしまったと聞きます。

私の東京のお客さんが相続された土地・建物も昨年末には2億5千万円で売れるとの見積りだったのが、現在は2億円でも買い手がないそうです。

これまで土地の値段は二極化傾向にありましたが、コロナ禍の影響で在宅勤務でやれる業務も会社が知ってしまいましたから、都心の高い賃料のビルの広いフロアーを借りる必要もなくなりますので、今後は土地の値段は都心ばかりが上がるということもなくなり、さらに複雑になっていきそうです。

さて、話を本題へと進めましょう。税務署の資産税担当（主に、相続税・贈与税・譲渡所得税を担当する部署）は、バブル崩壊前は相続税の調査と譲渡所得税の調査を年の半分ずつ行っていましたが、バブル崩壊後は相続税に重点をおいて調査を行ってきていました。

譲渡所得はバブルが弾けて、売値よりも買値の方が高いから、大半が損失の案件ばかりなので時間を割いてまで調査はしなかったという経緯があります。

しかし、平成16年・17年以降に購入した土地には含み益が出てきたので、そろそろ譲渡所得の調査にも順次シフトするだろうと推測されていました。

ただ、一概に調査といっても過去のマニュアルを見ればできるというものではなく、調査にはそれなりの経験が必要なのですが、平成３年のバブル期に入った職員が当時22歳だとしたら現在は50歳を超えています。

50歳と言えば幹部クラスです。この幹部クラスの面々が譲渡所得の調査経験がないということになります。

調査のノウハウを覚えるには納税者に騙されながら経験を積み、少なくとも７～８年は必要であり、それを超えると感覚や匂いでこの案件はおかしいなどの調査官としての勘が研ぎ澄まされてくるのです。

こうした状況下で、そろそろ譲渡所得の調査もやらざるを得なくなった税務署（資産課税担当調査官）でしたが、譲渡所得税のノウハウや調査の勘どころを教えてくれる先輩職員の多くが退職してしまった現在、一から手探りでやり始めるのでしょうか。

コロナ禍のこともあって、果たして、税務調査はどうなるのでしょうか。

状況把握は非常に大切なことですが、全く予断を許さない状況でしょうから、今回はとりあえず、深追いはしないことにして、いずれ行われることが間違いない税務調査対策の準備を始めましょう。

前著『税務調査官の着眼力Ⅱ：間違いだらけの相続税対策』では的を相続税に絞りましたが、今回は、相続税のほかにも、資産税担当の調査官のテリトリーである贈与税や譲渡所得税についても盛り込んでみました。

前著刊行後、さまざまな機会に恵まれました。その一つに拝見するばかりと思い込んでいた『文藝春秋』への幾度かの寄稿もありました。多くのセミナー講師の依頼もありました。そうした折々に「新たな発見」がありましたので、今回の本に反映させていただきました。

また、前著で語り尽くせなかった話は、今回も触れたりしています。お気づきの方は、「同じこと何度も言って、ボケてるのとちゃうか」なんておっしゃらずに、「これはよっぽど、注意せにゃあかんなぁ」と思ってくだされば本望です。

この本が、前著にも増して、これから調査を受けられるみなさんに少しでも参考になることを願っています。

令和2年10月吉日

秋山清成

〔目　次〕

目　次

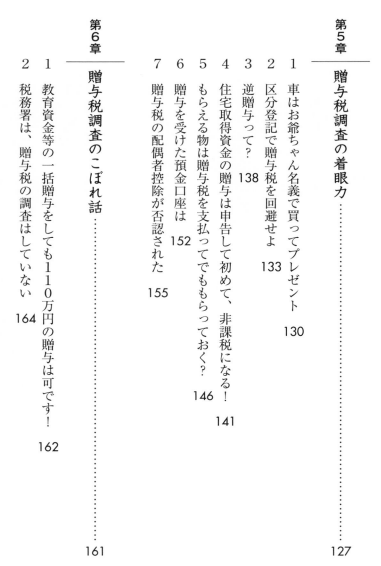

第1章

耳寄りな話の詰め合わせ

1

チュートリアル徳井さんの税金無申告問題

チュートリアルの徳井さんの税金問題が表面化してテレビなどで騒がれていましたね。

この問題は、税金の仕組みを知っていなければ問題の流れがつかめませんから、税金の基本的なことを説明します。

税金の計算は、基礎控除とかみなさんおなじみの医療費控除とか社会保険料控除なども関係してきて非常にややこしいので、細かいことは省きますね。

まず、所得税の税率ですが、所得が４０００万円を超えますと最高税率の45％になります。

一方、法人税は所得の23・2％なんですよね（法人の所得が８００万円までは15％です）。

※　所得というのは、収入から経費を差し引いた金額です。

もう、お分かりですね。そうです。たくさん儲けている方、つまり、ここでは徳井さんのような方は、節税のために法人を設立するんです。

簡単に説明しますね。

例えば、1年間に５０００万円の所得があったら、速算表に当てはめて計算しますと、

５０００万円×45％（税率）－４７９万６０００円

結果、約１７７０万円の税金を納めることになります。

この５０００万円を個人ではなく、会社（法人）の所得にします。そして、その会社から給与をもらいます。給与が２０００万円だったとしたら、法人の所得は、

５０００万円－２０００万円（給与）＝３０００万円で、法人の税金は、

３０００万円×約23・２％－６５・６万円＝約６３０万円になります。

一方、徳井さん個人の所得税は、サラリーマンのみなさんと同じですから、所得は、サラリーマンの経費である給与所得控除を引いて、

１７８０万円（２０００万円－２２０万円）となります。

１７８０万円の税金（源泉徴収税額）は、

１７８０万円×33％－１５３万６０００円で、約４３４万円になるんです。

結果としまして、法人を設立しなければ、個人の所得税として約１７７０万円の税金を納めるはずだったのに、法人を設立して節税することによって、法人税で約６３０万円と源泉所得税として約４３４万円ですから、合計約１０６４万円で済むんですね。

納める税金が、約706万円減るんです。もちろん、ここでは法人の設立費用等は考えません。

しかし、この報道でどうしても分からないところがあるんです。今説明したように、法人を設立するというのは税金の節税目的なんですよ。わざわざ節税目的の法人を設立しているのになぜ申告しなかったのか？　なんです。

申告しないのであれば法人を設立した意味が全くないじゃないですか！　なんで設立したの？　意味ないじゃん！　ですよね。

一般の市民でさえある程度収入があって申告をしていないといつ税務署が来るのかドキドキしているのに、あんなにたくさんの番組を持っていて、あんなに稼いでいる人が、納税をせずに、平気で何年もメディアに出ていたこと自体が信じられません。

税理士は何をしていたんだ！　という意見もあります。私も税理士ですから、税理士を庇《かば》うわけではありませんが、おそらくキチンと顧問契約をしていなかったのではないでしょうか。キチンと顧問契約をしていれば、税理士は確定申告書を作成して初めて報酬をいただけるわけですから、報酬をもらうためにも、税理士はもっと強硬に「徳井さん、申告しなさい！」と言えるんですけど、顧問契約がなければ、徳井さんに対する税理士の立場ってアヤフヤですから、「申告しなさい！」って強硬には言えないと言いますか、言える筋合いではないんですよね。「あなたとは契約していない。もう他の税理士さんにお願いしているんや！」って言われたらそれまでですからね。

税理士の立場として、相談は受けたけど本当に自分のお客さんになってもらえるのか分からない宙ぶらりんのお客さんって結構いらっしゃるんですね。

それと、徳井さんは重加算税も賦課されていますが、重加算税って、仮装・隠ぺいがあった時に賦課される罰金なんですね。

仮装とは、相続税であれば、例えば、借金がないのに借金があったようにして、債務として財産から控除するといったようにないものをあったように装うことですね。

また、隠ぺいとは、財産の中に純金などがあったのにこれを隠して財産に計上しないことですね。

この重加算税については、私も国税調査官時代に歯がゆい思いをしたことが多々ありました。脱税はもちろんイケないことなんですが、仮装・隠ぺいは、申告はしているけれど申告した中身を誤魔化しているんです。

例えば、収入が１０００万円あったのに収入を誤魔化して７５０万円しか申告しなかったとか、経費は、２００万円しかなかったのに、水増しをして４００万円を計上していたとかですね。

何が言いたいかと申しますと、徳井さんは申告をしていなかったんです。

どうでしょう、申告をして内容を誤魔化した人と、そもそも申告をしていない人とどちらが悪質なんでしょうね？

申告をしても、売上や経費を誤魔化した人には重加算税が課されるわけです。

一方、申告がない事案は重加算税をかけるのが難しいんです。

申告しないから、仮装・隠ぺいをする必要がないんです。申告をするから、売上金額とか経費を操作して税金を誤魔化そうとする。

一方、無申告事案は、申告しないんですから、売上金額とか経費を操作して税金を誤魔化そうという仮装・隠ぺいという行為が必要ないんです。

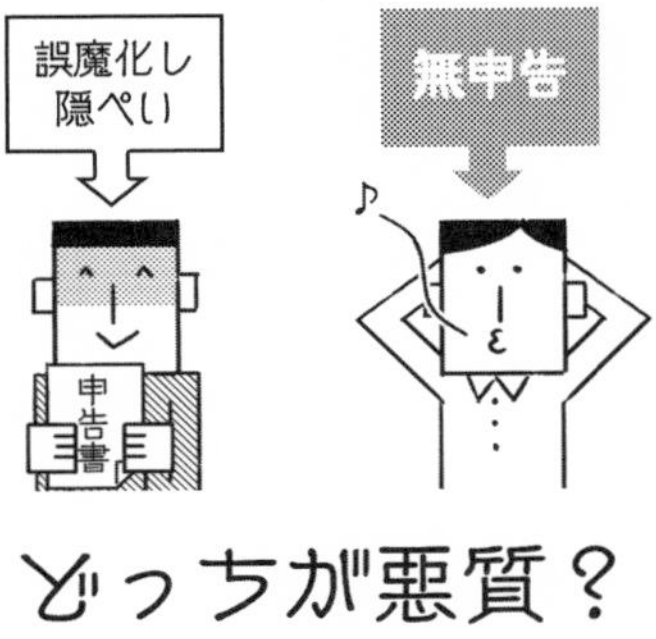

筆者が国税調査官時代に、申告した人が税金を誤魔化して重加算税を課されるんであれば、

無申告者は、申告して内容を誤魔化した人よりもっと悪いんだから全額に重加算税を課すべきだろうとみんなで話したことがありましたが、今、重加算税の対象になるのは、「仮装・隠ぺいがあったもの」が基本ですから、仮装・隠ぺいをする必要がない無申告者に重加算税を課すのは難しいんです。

税金がかかるか、かからないかのギリギリの人は別として、徳井さんのように、明らかに申告をしなければならない人が無申告の場合もあるわけですから、重加算税を課す対象者に「無申告者」という項目を入れるべきだと思います。

しかし、芸能人にとって税金問題というのは致命的ですね。

日本国民の大半がサラリーマンとして、また個人事業主としてあくせく働いて少ない給料などからキチンと税金を納めているのに、テレビに出て周りからチヤホヤされてギャラもガバガバもらっている人が税金を納めていないでは格好がつきませんし、視聴者も受け入れてくれません。

最終的には払わなくてはいけないものですから、忙しい、自分はルーズであれば、そのために税理士がいるわけですから丸投げしたら良かったんです。

将来までの稼ぎのことを考えたら、折角の知名度を一瞬にしてパアにしましたね。

本当に「もったいない」ことをしました。

2 ZOZOの前澤前社長のお年玉企画

ZOZOの前澤前社長が「お年玉企画」をされました。

金額については10億円でしたので1人当たり100万円だと人数は1000人になります。

ZOZOの株式を売却して、約2000億円が入っていますから10億円なんか前澤さんにとっては小遣銭でしょうね。

できれば私も参加したいんですが、当たったら税金はどうなるんでしょう?

懸賞金であれば一時所得で所得税の対象になりますが、贈与であれば贈与税の対象になります。

前澤前社長は現在は一個人ですから、会社のコマーシャルのために企画される「お年玉」ではないので懸賞金とはなりません。

一時所得になれば、もらった金額100万円から50万円を差し引いて、2分の1にした金額25万円が課税対象になります。

そして贈与税なら、もらった金額100万円だと基礎控除110万円がありますから税金はかからないことになります。

ただし、当たった方が親とかお爺ちゃんお婆ちゃんなどから別に110万円もらわれるようでしたら、令和2年にもらった金額が合計210万円になって、210万円－110万円＝100万円で10％の税率になりますから、令和3年の確定申告の時期に贈与税の申告と10万円の贈与税を納めることになります。

子供が当たったらどうなるんでしょう？　子供が、お爺ちゃんお婆ちゃんや親戚から「お年玉」をもらいますよね。前澤前社長からもらうお金も「お年玉」です。お爺ちゃんお婆ちゃんや親戚からもらうお金も「お年玉」です。同じ「お年玉」で、税金はどうなるの？

結論は、お爺ちゃんお婆ちゃんや親戚からもらう「お年玉」は贈与の対象額に入れる必要はありません。

税務署は、親などが子供を扶養するために支出するお金や「慣習」により受け取るお金には従来から贈与税は課税していません。

それならば、この際に将来の相続税対策のために、孫に100万円の「お年玉」をあげとこう、これはどうでしょうか？

これは、「慣習」によるものではなくて、目的が「相続税の節税のため」ですから贈与税の対象になります。

以上、前澤前社長の「お年玉」について説明しました。

前澤前社長は被災地にも「ふるさと納税」をしておられますし、前回の「お年玉」といい今回の「お年玉」といい、さすが話題作りは抜群ですね。

このように、悪いことではなく、人に夢を与えて話題になりたいものですね。

前澤様、「お年玉企画」は毎年お願いします。

3 税務調査官を追い払う方法！

税金逃れなどの行為を頻繁に助言する税理士や、税務調査官を挑発するような態度を取る税理士は、税務調査を早く終わらせるどころか調査官を奮起させてしまい、調査を長引かせて、結果、修正申告を提出するハメに陥りかねません。

だったら、調査官に対してどういう態度を取ったらさっさと調査を終わらせてもらえるのでしょうか？

ズバリ結論を言えば、「どうぞ、どうぞ！」みたいな大らかで協力的な態度を取ることなんですね。意外でしょう。ちょっと詳しく説明しましょう。

税務調査官が調査に出向いて歓迎されることは当然ありません。ただ、幸いなことに訪問販売の営業さんみたいに門前払いされることはないでしょう。法律上も税務調査を拒否することはできませんから、嫌々ながらも事務所や家の中には入れてもらえます。

事務所や家の中に入れてもらったら、帳簿や関係書類を見て質問しますが、そこでのみなさんの反応はさまざまです。①嫌味を言われる方や、②「机の中や金庫の中を見せてください」と言ったら拒否される方、③怒り出される方、④脅迫じみたことを平然と言われる方など、まぁ、いろんな方がいらっしゃいましたね。

新人調査官なら、こういった態度を取られると怯《ひる》んでしまうこともあるんですけど、ベテランともなると、こんな目にはしょっちゅう合ってきたもんですから、少々の脅迫めいたことを言われても、こちらもどこ吹く風と平然としていますし、相手から訴えると言われてもこちらが違法な調査をしていない限り、「かえってハクが付く」くらいにしか思っていません。

むしろ逆に、調査先で調査に協力しないような態度を取られると「ここには何かがある。不正を隠したいから調査に協力しないんだな！」と、税務調査官の本能に火をつけてしまうのがオチです。

税務調査官がここには何かあるなと感じると、少々のことでは手を引きません。特に、相続税の調査の場合だと誰に文句を言われるかで調査官の奮起具合が違ってきたりします。相続税の調査を受けるのは、ものすごいお金持ちの方がほとんどだからです。

亡くなられたご主人の奥さんから多少嫌味を言われたりしても、今までご主人と共に苦労して来られた方という認識がこちらにもありますから、そんなに気にならないんですが、例えば調査官と同年代か年下の相続人から同じような文句を言われたら、顔は平然としていますが心の中では、「たまたま資産家の家に生まれただけのくせに！」「見ておけよ、とことんやってやる」と一般家庭で育ったこちらの妬《ねた》み根性もあるんですけど闘志に火がつくんです。

まぁ、そのようなことで、税務調査官に嫌味や少々の脅迫じみたことを言っても、税務調査官の本能に火をつけるくらいで逆効果になりますから、そういったことはしない方が得策です。


それよりも、一番税務調査官がガックリするのは、「どうぞ、どうぞ」なんです！

「そこにある社長の机の中を見せてもらっていいですか」「どうぞ、どうぞ」

「金庫の中を見せてもらっていいですか」「どうぞ、どうぞ」

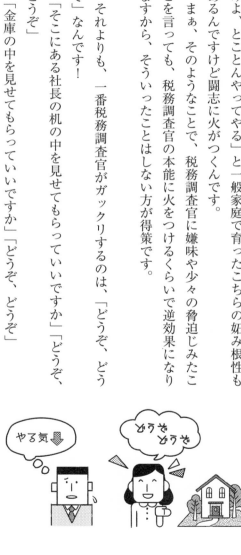

これが一番こたえるんですね。なぜかと言いますと、税務調査官としては、「不正がバレるといけないと相手が見てもらいたくないと思っている何か」が隠されている所を見たいのに、「どうぞ、どうぞ」と言われたら、その時点で「これは何も隠してないから、見ても仕方がないのかな」と思ってしまうのです。

見せてくださいといった手前一応は見てるふりをしてるんですけど真剣には見ません。ですから税務調査をさっさと終わらせたいときは、税務調査官への嫌味や脅しなんかは逆効果で、「どうぞ、どうぞ」が効果的なんです。

調査官は、調査先に行くまでの間に時間をかけて資料を収集して、「さぁ、追加の税金を頂くぞ！」という気持ちで調査に来ていますから、何もないと分かれば、さっさと切り上げて次の調査に着手しようか……、という気持ちにさせることができるんですね。

4　税理士にも専門分野があるので、当然苦手分野もある

お医者さんと同じように、税理士にも専門があります。

お腹が痛いのに、外科の先生に診てもらっても仕方ないですね。

それと同じように税理士にも専門があって、相続税案件を法人税専門の税理士に依頼したらいけません。

私は、偉そうにこのようなことを言っていますが、相続税専門ですから私に法人税の依頼をしたらダメなのです。

分かり易い一例を挙げると、ある法人税専門の税理士さんが、新規に顧問先になった法人の先代社長が3年前に亡くなられた時の相続税申告書を念のために見てくださいと言って持って来られました。申告書の中身を見てみたら間違っているんですね。

相続税専門の税理士なら当然使う特例を使っていないんです。

税金を納め過ぎていて、申告期限から5年以内なら税金還付申請の更正の請求という手続ができます。その時もすぐに更正の請求書を作って税務署に提出したら５００万円の相続税を返してもらいました。

私が税理士になってからの一例を上げましたが、約40年間の国税局・税務署勤務時代にも数多くの間違った申告を見てきました。

何がネックかと言いますと相続人にはこの申告書が正しいのか間違っているのかが分からないので税理士が作った申告書を信用するしかないことです。

税理士でも間違うのですから相続人には分かりようがありません。その相続人は、あの税理士に支払った報酬は何だったのか！　って怒っていて今にも怒鳴り込みに行きそうな勢いでしたから、諦めていたもの（済んだと思っていたもの）が５００万円も返ってきたと思えばいいじゃないですか、と怒りを納めていただきました。

まぁ、知らなければ５００万円も多く納めさせられていたのですから、怒られる気持ちは分からないではないですけどね。

このように税理士でも専門でなければ間違うのです。

餅は餅屋。法人税は法人税専門の税理士に依頼して、相続税は相続税専門の税理士に依頼することです。

また、相続税は税理士の報酬額で選んではいけません。相続税専門の税理士をピックアップして、その中から報酬額の一番安い税理士を選ぶ、これはいいですね。

相続税申告書作成報酬が30万円安い税理士を選んで５００万円も多く納めさせられたら何のことか分かりませんからね。

また、相続税の申告書というのは私の感覚ですけど１００件あったら90件が税理士関与です。税理士が関与していない相続税の申告書というのは

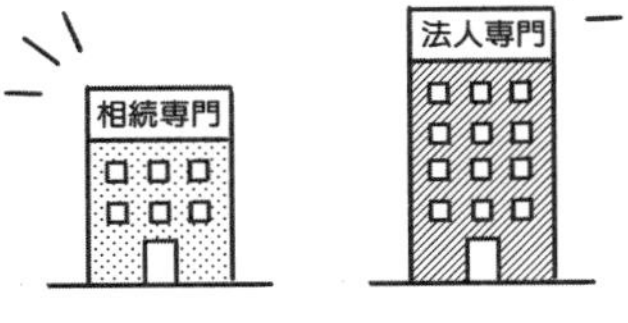

１００件に10件あるかなしかです。

余談ですが、相続税の調査で相続税専門の税理士がついていないと、みなさん相続税の調査なんかに慣れておられる方は一人もおられませんから、調査官としたら赤子の手を捻るようなものですね。

ある税務署に勤務している時、自分で相続税の申告書を作成している人がいました。分からない所は税務署に来て相談していました。

しばらくして私が申告審理をしていたら税理士関与のない申告書が出てきました。あー、あの人が独自で勉強して作った申告書かと、中身を審査したら間違っているんじゃなくて、使える特例を使っていないんです。あーあ、やりはったなぁって思って、特例を使ったとして税額計算したら税金で１０００万円も多いんです。

かなり大きい相続財産でしたが、自分で勉強して時間を割いて、分からないところは税務署で聞いて、結果が１０００万円の納め過ぎになっている、何をやっているのか分かりません。

基本、税務署は手取り足取り教えてくれません。ワンポイントで聞かれれば教えますけど、相続税みたいな大変なものを一から十まで教えていたら時間はいくらでもかかりますし、相続税も税務署が教えてくれるなんか噂が広がってみなさんが押しかけたら税務署の相続税担当の事務は止まりますから教えてくれませんし、相続税の申告書は誰もが簡単に作成できるものでもありません。

先の方も相続税専門の税理士に依頼して、報酬を仮に２００万円支払ったとしても８００万円も得だったんですけどね。

特例を使う・使わないは選択ですから使わなくても間違いではないのです。ですから、間違いではないものはわざわざ相続人に連絡してまで税金を返すことはしないんです。そのままお蔵入りです。

遺産が金融資産（現金・預金、上場株式などの有価証券）だけだったら、勉強すればできないことはないとは思いますが、不動産や同族会社の株式などが相続財産にあったら、さっさと相続税専門の税理士に依頼した方がいいですね。

勉強して苦労して10か月以内にやっとのことで相続税の申告書を作成しても１０００万円も余分に相続税を納めていたのでは何をしているのか分かりません。

余分に納め過ぎになっている案件は調査対象にはしませんから、あの人は「自分で作って税務署に出したけど調査もなかったし完璧だったなあ」と思っているでしょうね。

他の相続人も「自分で相続税の申告書を作成して兄貴は凄い」と思っていることでしょう。

残念ながら、調査をしたら税金を返すことにもなりかねませんから、調査はしないんですね。

5　国税ＯＢなのに、税務職員を言い負かす税理士がいる

税理士の会合などに出席して、会合の後の懇談会の席ではアルコールのせいもあってみなさんのいろいろな話が聞けて面白いですね。

特に失敗談は面白く、かつ参考になりますが、中には自慢話を得意げにする税理士さんには辟易《へきえき》します。

自慢話の中には、税務調査に立ち会った時のことについて「税務職員を言い負かせた」などと得意げに話すのです。

しかも、税理士試験を受けて資格を得た税理士ではなくて、国税ＯＢの税理士さんでもこのようなことを自慢げに話す方もいるので驚きです。

私は、この人は現職時代の調査では税理士にやり込められて尻尾を巻いていたのかな、その教訓で今はそのような姿勢で税務調査に臨んでいるのかな？と思ったりします。

しかし、私の現職時代を振り返ると、少なくとも私の回りの先輩、同僚や後輩にはこのよう

なことで怯《ひる》むような職員は一人もいなくて、むしろ、見ておれよ！　とことんやってやる！　と燃えて調査に取り組んだ人たちばかりです。

国税ＯＢ税理士の強みといえば、現職時代に実際に自分がやっていたことの裏返しですから、この案件の問題点はどこか、調査官は何を考えどのように調査を進めようとしているのか、そして落ち着くところ（修正金額の落としどころ）はいくらかなどは手に取るように分かるわけだから、何も税務調査官に抵抗して刺激する必要などないのです。

先に紹介した調査官に抵抗する国税ＯＢ税理士さんは、自分のクライアントの事案の問題点も見出せないのだから、現職時代にも余程調査能力がなかったのかもしれませんね。

自分のクライアントの案件の問題点（税務職員からいえば調査項目）が見えれば、事前に対処もできるのだから、敢えて税務職員に抵抗しなくてもいいはずですからね。

税務職員に抵抗するとどうなるか？

納税者は、自分の顧問になってもらっている税理士が調査官にキッパリと抵抗すると「税務職員にもハッキリとものが言える頼りになる先生」と思うのでしょうが、果たしてそうでしょうか。税務職員も感情のある人間なのです。

調査に非協力的であれば「何かがある」と勘繰ります。さらに、顔には出しませんが、心の中で「このやろう」と思っています。自分の職場に置き変えてみてください。取引先の事情を知らない上司に偉そうに演説打たれたら、いい気はしませんよね。

結局、あっちもこっちもとことん調べ出すから、調査は当然長引きます。

その間、納税者はどうなるのだろうと心配しているばかりで何もできません。つまり、税理士が自分のお客さんを苦しめているという結果になるのです。

調査官に
強気な税理士
調査官に
協力的な税理士
どっちが
正しい行動？

ちなみに、私の現職時代に、ある調査案件で相手の税理士の「更正できるものならやってみろ」の発言に発奮して、昼は銀行の応接室でパンを食べ、夜は銀行員が「そろそろ閉めます」という午後9時ごろまで銀行内の伝票などの証拠書類を集めること10日間、家では土日もなく午前2時まで書類の整理や更正理由書の作成（家に持ち帰り仕事が可能な時代だった）を約1か月行って更正処分をした経験があります。

もちろん超過勤務手当は出ませんが、そんな金銭の問題よりも「このやろう、見てろよ」という意地があり燃えているから、いくら仕事をしても疲れなかったですね。

調査をしている途中で、税理士は私の本気度を感じたのか「どうにか話し合いで決着は付けられないものか」と言ってきましたが、その提案はキッパリとはねつけて約1億8千万円の更正処分を行いました。

あんな税理士を野放しにしていたら、いつまでもどの案件も「更正できるならやってみろ」の姿勢で対応してくるので、いつかは誰かがギャフンと言わせなければならないと思っていました。

その後、その税理士は、私が転勤した後でも「更正するならやってみろ」とは言わなくなったということでした。

ということで、出さなくてもよい修正申告書を出す必要はさらさらありませんが、つまらないところで税務職員を刺激しても一つもいいことはないのです。

私は、調査立ち合いの際には相続人と事前に調査リハーサルをして、調査官に思いのまま好きにやってもらう姿勢で臨んでいます。

6 凍結された預金口座はどうやって解除する？

銀行は預金者に相続が発生すると預金者の預金を凍結しますが、「凍結された預金の解除方法」について説明します

税務署には市役所から相続税法第58条の規定によって、市役所に提出された「死亡届」に基づいて「死亡通知書」が送られてきますので、その税務署管内の方が亡くなられたら知ることができます。

その死亡通知を基に、相続税の申告が必要な方を抽出します。

しかし、銀行や証券会社などの金融機関には、もちろんこの「死亡通知書」は行きません。

では、なぜ金融機関は「預金凍結」をするのかなんですけど、それは自分のところの預金者が亡くなったことをたまたま知ったからです。

それは、地区である程度有名な方ですと噂にも上りますし、銀行員が葬儀場で葬式の看板を見たとかもあるでしょうし、預金者の家族が銀行に言う場合もあるでしょう。そうなると正直者がバカを見るということもありますね。

とにかく、銀行はそのようにして知るしか方法はありません。そして知ってしまったら「預金凍結」をします。

それは、一人の相続人が勝手に亡くなった方の預金を引き出せないようにするためです。相続人全員の同意があって引き出すのは問題ありませんが、一人の人が自分のものにするために預金を引き出したら、後々トラブルの元ですよね。

ですから銀行などの金融機関は「預金を凍結」するんです。

ここで本題ですけど、金融機関が「預金を凍結」したら、その預金の凍結解除はどのようにしたら良いかを説明します。

まず、亡くなった方とその亡くなった方の出生から死亡までの戸籍謄本及び除籍謄本と相続人全員の戸籍謄本を本籍地の市役所で入手するんですね。

そして、その亡くなった方の除籍謄本と集めた相続人全員の戸籍謄本から「法定相続情報一覧図」を作成して、集めた戸籍謄本などと一緒に被相続人の最後の住所地の法務局に持ち込めば申請は完了です。

「法定相続情報一覧図」の作成の仕方やフォームのテンプレートはインターネットで検索すれば親切な人が丁寧に解説してくれています。

「法定相続情報一覧図」は、相続手続きの簡便化を図る目的で平成29年5月から始まったもので、相続手続きには「不動産の相続登記のため」「税務署へ相続税申告時に相続人の確定資料として添付するもの」「預金の凍結解除に金融機関に提出するもの」と複数必要だったため、過去には亡くなった方の除籍謄本と相続人全員の戸籍謄本は何部も取る必要があったんですね。戸籍謄本などは一部でも450円しますから、これを全員分を複数部取るとなると結構な出費になっていましたので、法務局は有難い制度を始めました。

金融機関の取引がたくさんありますと、一度には預金解除の申請ができなかった（A銀行に申請をして、戸籍謄本を返してもらってからB銀行に申請する）のが、複数の金融機関に一度に申請ができるようになりました。

この「法定相続情報一覧図」は、登記用のほか、相続税がかかるのであれば「税務署用」「金融機関用」＋アルファを取っておかれることをおススメします。

将来はどうなるか分かりませんが、最初に申請をしますと現在は何枚取っても無料です。

その他に、相続人全員の印鑑証明書が必要です。印鑑証明書は、各相続人が住所地の市役所で取ります。

また、遺言書があれば遺言書を提出することになります。遺言書がなけれ

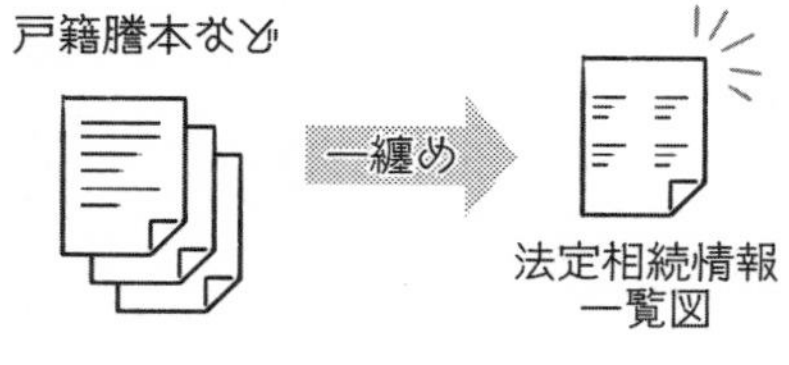

ば、相続人全員が話し合って「遺産分割協議書」を作成してこれを提出することになります。「遺産分割協議書」の書式はネットで検索すれば出てきますので、作成して相続人全員が自署押印をします。この際の押印は実印です。

「遺産分割協議書」が複数枚になる時は、様式の境目に相続人全員が割印することを忘れないようにしてください。

また、捨印をしておくと簡単な間違いがあった時に一から改めて作成する必要がなくなりますので、捨印をされておく方が無難です。

これらを準備して銀行の預金解除申請用紙に必要事項を記入して提出すれば「預金の凍結」は解除してくれます。

なお、各金融機関によって申請用紙は違いますし、必要書類も一部異なりますので、まずは各金融機関のＨＰで調べてから動かれた方がいいですね。

全国銀行協会などが、書式や必要書類を統一してくれたらいいですけどね。

最後に、相続が発生してから色々なものを揃えるのは大変ですし、親と同居していない場合などは親の取引金融機関がどこだったのかも分からない場合がありますので、事前に取引金融機関はどこか、届出印鑑やキャッシュカードはどこにしまっているのかなども確認しておきましょう。

親が病気などになると、このようなことはさらに聞きにくくなりますので、親と日頃からマメに意思疎通を図っておくようにしましょう。

7 依頼すると損する税理士はこんな税理士

依頼をした税理士で損をすることがあります。

まぁ、相続人には何の落ち度や恨みもないんですけど、相続税の申告書を作った顧問税理士で調査事案にしたことってあるんですね。相続人にとっては悲惨ですけどね。

例えば、①相続税に慣れていない税理士が関与している案件なんかは、中身を詳しく丁寧に審査するんです。また、②過去に調査をして、たくさんの増差（申告漏れや申告誤り）が出た税理士が関与している案件、③このやろうと思ってる税理士が関与している案件なんかも調査事案に選定しました。

②や③の事案なんか、申告の内容を審理することなく調査事案にするんです。

そんな無茶な！　と思われるかも知れませんが、③なんか手心加えることなくとことん調査します。

私が統括官をやっていた頃のこと、このやろうと思っている税理士が関与している案件の調査を部下職員にやらせているときには、「とことんやれ！　手を抜くな！　手を抜いたら何度でも行かせるぞ！」って、今ではパワハラになるようなことも言っていた同僚をよく目にしました。そして、私も若干あったかな。

相続人としたら、どこに災難が待っているか分かりませんが、税務署の言いなりになるような税理士もかないませんが、税務署のターゲットになっている税理士に依頼されると災難が降りかかります。税理士の選択って本当に難しいですよね。

まあ、自分で言うのも何ですが、税理士の選択は税務調査官の心情を知っている税理士が無難と言えば無難ですかね。

国税ＯＢ税理士の強みは、現役時代に自分が調査してきたことの裏返しですから、事案の搦《から》め手や調査を受けた際の修正申告額の落としどころが読めるということが、強みと言えば強みですかね。

それと税務調査官も人間ですから、若い時にお世話になった上司や先輩の名前が相続税の申告書に表示されていたら、調査するのは嫌でしたね。

税務署に
嫌われている
作成した申告書に
漏れや誤りが多い
申告に不慣れ

申告漏れなんかを指摘したときなんかに、「お前も偉くなったなぁ」なんて言われたくないですからね。調査官同士で「お前が調査をやれ」「いやあんたがやれ」とか、調査事案の押し付け合いをするんですけど、最後はその税理士と過去に一緒に勤務しなかった調査官が調査をすることになっていました。

また、関与税理士とやり合って、トコトン調査を進めた事案では、相続人の方が、何回か税務署に来て、「話し合いでどうにかなりませんか」って言われるんですけど、こちらとしましたら「あなた様が雇っている税理士に、更正してくれ！って言われたんですよ。更正するしかないじゃないですか」と言ってお帰りいただいたんですけど。

本心は、『あなたが、あんな税理士に頼むからこうなってるんでしょ、顧問を切られるんだったら考えても良いです』って言いたいんですけど、そんなこと言ったら税理士業の営業妨害になりかねませんので我慢しました。

税理士業の営業妨害になるんですかね？よく分かりませんが、際どいんでしょうね。

そんなこんなで、現職時代にはもっともっといろんな税理士さんと関わってきました。

総体的に言えますのは、意味があってならまだしもですが、顧客に自分の存在を誇示する目的で税務職員を怒らせるような税理士にお願いすると納税者は損をするということは間違いありません。

第2章

税務当局の思惑？

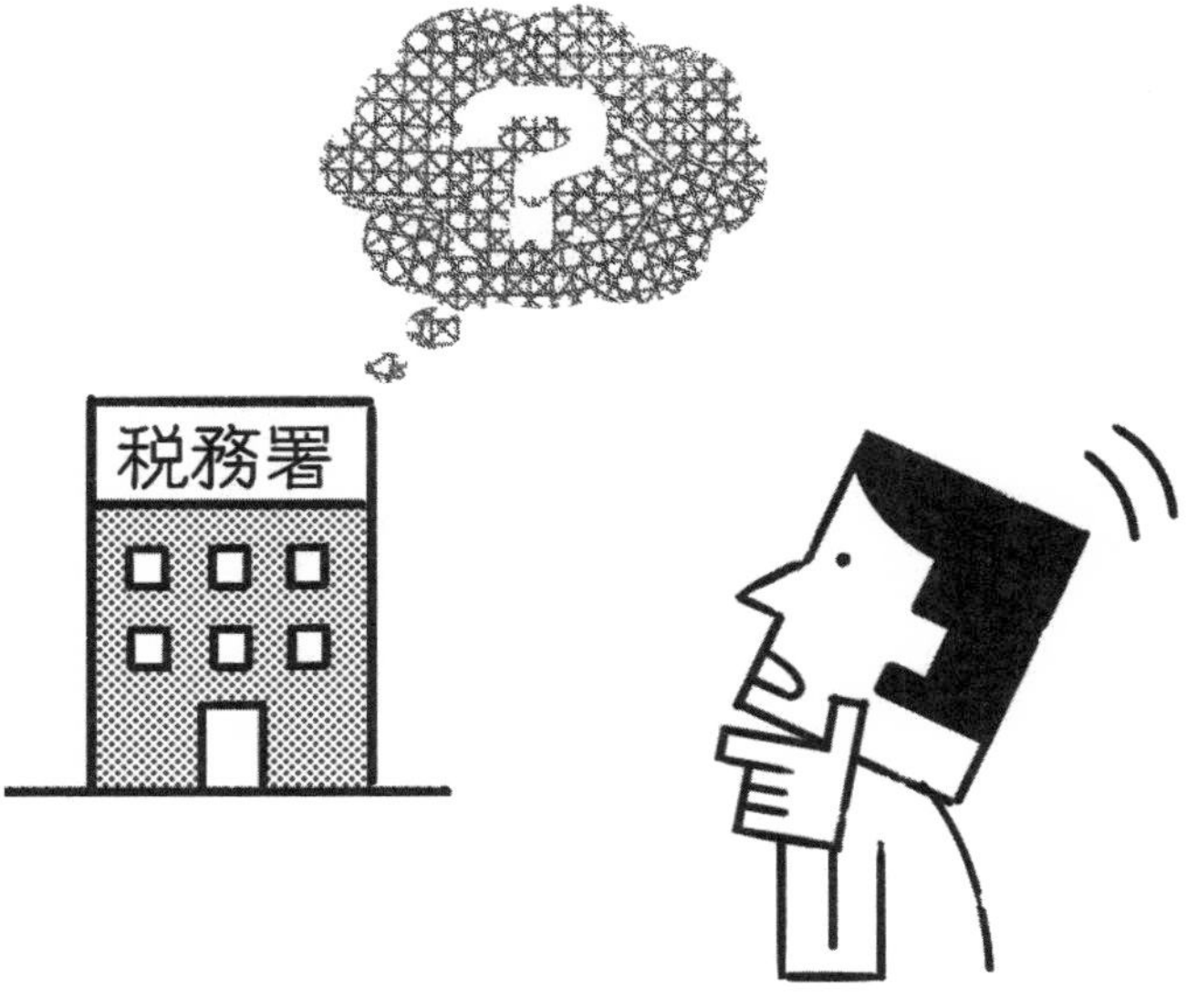

1 税務職員だって調査される！

先日、「税務職員の脱税が、なぜバレたんですか？」と質問されました。

質問の内容としては、税務署員が５００万円脱税というニュースを観ましたが、内部の人間なら帳簿などの操作の仕方なども承知しているだろうに、なぜバレたのですか？ というものでした。

結論としては、国税の組織には税務職員を監視する部署があります。そこで例えば借金があるとか、分不相応な生活をしているとかの変な噂のある税務職員は日頃からチェックされています。それによって今回の不正がバレたわけですね。

では、この件について詳しく説明していきます！

２０１９年8月9日の時事ドットコムニュースによれば、

「埼玉県内の税務署の50代男性職員が、所得税と贈与税計約５００万円を脱税したとして、関東信越国税局は9日懲戒免職にした。いずれも修正申告などを行い全額納付したという。

同国税局によると、職員は２０１２～２０１８年分の確定申告で、兼業していた太陽光発電で得た事業所得の経費を過大に計上するなどして所得税２０９万円を免れ、農業の経費も水増しして所得税の還付金約83万円を不正に受け取った。

また、２０１５年に親族から贈与を受けた際も申告せず、贈与税２０７万円を納付しなかった。

このほか、２００７～２０１５年に扶養手当約81万円を不正受給。勤務時間中に職場からスマートフォンなどで株取引を計２４４回行っていたことも判明した。」

まぁ、おそらくこの職員は、最初の数回の脱税がすぐにバレなかったものですから、味を占めて何年も何年も脱税をくり返してしまったんでしょうね。

ちなみに、贈与税で２０７万円ということは、１１００万円－１１０万円＝９９０万円で祖父母や親からの贈与ですと「特例贈与」になって、税率も緩和されますから９９０万円×30％－90万円となり、税額は２０７万円ですから、この職員は、祖父母からか、親からか、いずれから１１００万円をもらったのに贈与税の申告をしていなかったことになります。

また、還付金約83万円を不正に受け取っていたとなっていますが、これは事業所得と農業所得について経費を水増しすることによって、損失（赤字ですね）を出して、この損失を、給与所得の源泉徴収額と損益通算をして、還付を受けていたというものですね。

この税務職員の年齢は50代となっていますので、入ったばかりの新人ではなくてベテラン職員ですね。50代となりますと、課長クラスか係長クラスで、中には署長・副署長もいますけど、署長・副署長なら「税務署の署長が・副署長が」って報道しますから、きっと違うんでしょうね。

今回の件のように、国や市から給料をもらっている警察・税務職員・学校の先生が問題を起こすと大々的に新聞に載せてもらえます（決してありがたくないですが）。

税務職員は全部で5万人ほどいて、このように問題を起こすのはごく一部なのですが、新聞なんかに不正や非行などの記事が出ると税務職員全員が悪い奴みたいに言われて調査なんかに行くと、その記事をネタに嫌味を言われたりするんですね。

税務職員が調査先で窃盗をした事件があった後なんかは「金庫の中を見せてください」なんて言うと、税務職員に見せると何をされるか分からないから見せられないと拒否されることもあったりするんです。

ほとぼりが冷めるまで、本当に調査がやりづらいんですよ。

この税務職員は、自分は税務職員だから税務調査を受けないだろうといった驕った思いがあったんでしょうね。

税務職員が非行を起こすとそれを知った納税者が不満を持ちますよね。そうなると「納税者の税金不払い」など、国税徴収上大きな影響を及ぼします。そこで国税には「国税監察官室」

という部署があって、税務職員の素行や言動には日頃から監察官が目を光らせていて、職員に少しでも変な噂があればすぐに調査に入ります。

この事案では、この職員は給料の他に太陽光で儲かったお金や親族から贈与も受けていて、裕福で余裕がありますから高級車に乗ったり高いお店で飲み食いしたり派手な生活をしていた可能性もあります。

そうすると、周りの職員からも僻《ひが》みや顰蹙《ひんしゅく》を買いますので、税務署内部の職員から監察官室に「内部通報」があった可能性もあります。

何にしましても、税務職員だからといって税務調査を受けないということはありません！　私の同僚などでこの職員と同様に兼業の許可を受けていた職員は、「経費になるかどうか判定が難しいものは一切経費に入れないようにしている」と言っていました。

件《くだん》の職員は、一度だけではなく何年も脱税行為を行っていたことは明白です。

最初はドキドキだったんでしょうが、最初が何事もなく通り過ぎたので、だんだんとエスカレートしていったんでしょう。

自分は税務職員であるという驕りが招いた結果だといえます。

2 税務調査官に「お土産」って何！ 贈賄？

みなさんは税務調査時の「お土産」って話を聞かれたことはありませんか？

それって、税務調査官に「よしなにお取り計らいください」って頼むことで「お金」を渡すの？ それとも本当に「菓子折り」を渡すの？ つまり賄賂？ ってことと思われた方もいらっしゃるでしょうね。

ここで言う「お土産」って、お金や菓子折りのことではないんです。

いわゆる増差額（申告漏れ）のことなんです。

税務調査官は、ここなら税金を取れるぞ！ と狙いをつけて来ているんですね。

税務調査官は、いわゆる「空振り」はしたくないんです。

どういうことかと申しますと、税務調査官といいましてもサラリーマンですから、会社の営業さんと一緒なんです。

調査に行ったら、実績が欲しいんです。

調査に行って、申告漏れを見つけないと税務署に帰りづらいと言いますか、気が重たいんです。

会社の営業員さんも、実績を引っ提げて会社に意気揚々と帰り、上司に手柄を報告したいですよね。それなのに、毎日毎日営業に出かけて、手ぶらでしたら会社にも帰りづらいですよね。税務調査官も一緒なんです。

ですから、調査で空振りに終わった後なんかは税務署に帰りたくないんです。早く帰れば、統括官（上司）に「どんな調査をして来たのか」と根掘り葉掘り聞かれますので、公園なんかで暇を潰して５時直前に帰って、そこそこに言い訳をして、さっさと家に帰ったりするんです。

また、空振りに終わりますと、「更正決定等をすべきと認められない旨の通知書」という書類を、税務署長の決済を受けて、調査した納税者に送らなければならないんです。

これは調査官としては「恥の上塗り」みたいなもので、気持ちとしては絶対に出したくない書類なんです。

ということで、調査先で申告漏れが何にも見つからない場合には、調査官はとても焦るんです。何とか何かを見つけなければ！　ってなるんです。

簡単に言えば、重箱の隅まで突つき出すんです。本当は、一日で終わらせることができる事案でも「また明日来ます」とか言って、また来るので調査が長引くんですね。

そこで、面倒臭くなった社長や税理士が、例えば「このパソコンは家庭用のものを経費に入れました」とか言って非を認めて、税金を納めても痛くない範囲で修正申告に応じるんですね。これが「お土産」です。

税務調査官も、これを狙ってしつこく調査するんじゃないですけど、社長や顧問税理士は大したことがない金額であれば、鬱陶《うっとう》しい調査官にはさっさと去ってほしいから「お土産」を渡すんですね。ただこれは、所得税や法人税の世界であって、相続税や譲渡所得税を担当する調査官は「お土産」がありませんから厳しいですね。

なぜかと言うと、相続税や譲渡所得税というのは、各項目の金額が大きいですから、パソコンの購入費を家庭用として修正申告に応じるというようなものがないんです。

申告漏れの証拠はある？
バレても痛くない申告漏れ

相続人は早くお帰りいただきたいために、「土地や預金の金額を間違えていました。」とも言えないし、調査官から「どこが?」って聞かれて、本当は土地の面積は10㎡多いんですとか、この子供の預金は「名義預金です」と言ったところで、調査官も税務署で統括官に説明する必要がありますので、「何で10㎡多いんだ」とか「これがどうして名義預金なんだ」と言われますから、何でも税金を取ればよいというものではなくて根拠が必要なんです。

昔はありましたよ。上司も、「相続人がそう言っているんならそうやろ」と、それで修正申告を取っていましたが、今はそういう時代とは違います。

さも、資産税関係事案は「お土産」なし、所得税・法人税事案は「お土産」ありみたいなことを言いましたが、今は、税務署のどの部署にも「審理担当者」という者がいて、証拠無しの単なる「お土産」的申告漏れは認めてくれませんから、「お土産」という言葉自体が消えつつあります。

3　税務調査官は正義のために調査をしていない⁉

今回は私が約40年間国税調査官をやってきた経験から、税務調査官は正義のために調査をしているのではないという話をします。

国税調査官は、調査となりますと必死になります。なぜか！　なんですけど、日本国民の多くのみなさんはキッチリと税金を納めておられますよね。税務調査官は、正直者がバカを見ないように税金の脱税や滞納は許さない！　という使命を帯びていますから、調査に励むことができるんです。

と言いますのは建前です。本当は、出世したい！　自分をできる奴だと思ってもらいたいからなんです。税務職員が昇任できるかできないかは、直属の上司や署長・副署長の「勤務評定」で決まります。

勤務評定といいますのは、上司がこの職員は、こんないい行動をしたとか、調査で何件も不正を見つけたとか、勤務の姿勢を1年間観察した結果をペーパーにまとめるんです。つまり税務署の昇任は、警察みたいに昇任試験ではなくて、上司の人物評価で決まります。

この「勤務評定」は、もちろん日頃の勤務姿勢も大事なんですけど、税務署は税金を徴収するのが仕事ですから、一番重要なのは、調査の成果なんです。

調査の成果と言いますのは、調査でどれだけ不正を見つけたかとか、どれだけ追加の税金をとれたかというようなところなんですけど、しかし、税務調査官には会社の営業員さんみたいにノルマはないんです。

私が調査官時代に銀行などに調査に行ったとき、会議室などに各人の今月の成績として棒グラフが貼ってあったりして、「民間の企業は厳しいなあ」と何度も思いました。

くどいですが、税務調査官にノルマはありません。

しかし、例えば、相続税の調査事案でしたら1年間に約8件から10件くらいが割り当てられますからこれを期間内に処理しなければなりません。

これには相当なプレッシャーを受けますから、1つの事案に余り時間をかけたくないというのも本音です。

どこの会社でも仕事ができる人できない人っていますよね。やっぱり調査官にも調査が得意な者と不得意な者がいて、事業者が税金を誤魔化しているのに、①調査に行っても、誤魔化しを見つけられないＡ、②勘が鋭くて、ちゃっちゃと申告漏れや不正を見つけてくるＢ、③調査もできないのに、調査相手との間でトラブルばかり起こしてくるＣ、とか税務調査官にも色々といるんですね。

調査先の納税者としましたら、勘の鋭い調査官Ｂに調査にこられたら災難ですよね。同じように調査を受けても調査官によって結果が全然違うんですから……。

ところで調査官のキャラにも色々ありまして、①強面で強引に攻める人、②一見、頼りなさげに見えて実は切れ者、③一見、頼りなさげに見えて、本当に頼りない調査官と、色々いるんです。

ですから、税務調査官だけではなく何でもそうですけど、見かけで判断しないことです。安心してかかっているとギャフンと言わされることが結構ありますからね。

ただしですね、税務調査というのは普通ならその地域を担当している税務署の調査官が調査に来るんですけど、もしも調査に来たのが「国税局」からだったら、これはちょっと税金を誤魔化し通すのは諦めた方がいいですね。

いわゆる「できる奴」が国税局に入っていますからね。どんなキャラの調査官が来たとしても、「国税局」が来たら素直に修正申告や納税をした方がいいですね。

その点、「徳井さん」はすごいですね。「国税局」から指摘を受けても、動じなかったんですから……。

普通は、「国税局」から調査を受けたらみなさんビビりますからね。

徳井さんの場合、ひょっとしたら、最初に行った税務署の調査官がてぬるかったのかも知れませんね。税務署ってこんなもんか！ って舐めてしまったのかも知れません。

話を戻しますが、これまでお話したように税務調査官が調査に励むのは出世のため同期生より少しでも多くの給料をもらって優越感に浸ったり税務署でアイツはできる奴って言われたいからなんです。

そうでなかったら、人間の命の次に大事なお金を取りにいくようなことはできません。

ある方に、「税務職員って嫌われるんでしょ」って言われたことがあります。

確かに、人から好かれる仕事ではないですね。

でも、キッチリ税金を納めて地域社会にも貢献されている大会社の社長さんからは「頑張ってください」って激励されることが多かったで

すよ。

それと、私がまだ独身の頃ですけど、国税調査官って「賢い・真面目」って見えるんでしょうかね、結構「婿養子」の話もあったんです。

まあこちらとしても、99人に嫌われるよりも地域社会に貢献するような社長さん１人に「頑張ってください」と言われる方が励みになりましたね。

ここでは、ちょっと憎まれ口を叩きましたが、もちろん、「正義のため」って思う時はありますよ。そんな悪モノじゃありませんから。

4　税務調査官の背番号ってご存知ですか？

税務調査官には背番号があります。

税務調査官は、税務大学校を卒業時に配置転換の辞令をもらいます。

その辞令にA税務署勤務を命じるとなっているんです。

税務署の部署には、総務課・管理運営部門・徴収部門・個人課税部門・資産課税部門・法人課税部門及び酒類指導部門（一部の税務署）があります。

新人の税務調査官はA税務署に赴任しましたら、管理運営部門に配属されます。管理運営部門は納税者との窓口事務を行う部署で、主に納税者からの確定申告書や申請書の収受・納税証明書の発行及び各種通知書の発行などを行う部署です。

新人調査官は、この管理運営部門で税務署の全体の仕事の流れなどを経験します。

1年が経過すると、新人調査官はいよいよ各部署に配属されます。

どの部署の仕事に就きたいのかの希望を一応は聞いてくれますが、税務署内の人員の構成などにより希望通りにならない場合も当然あります。

やっぱり一番希望が多いのが法人課税部門です。

個人を調査する調査官よりも法人を調査する調査官の方がかっこいいじゃないですか。ですから、希望も法人課税部門に殺到します。

私が新人の頃は、管理運営部門に配属されることなく直接各部署に配属されていました。私も例に漏れず希望は法人課税部門でしたが、「Y税務署の資産課税部門勤務を命ずる」という辞令をもらって「うん！　資産課税部門？　何をするところや？」となりました。

税務大学校で1年3か月授業を受けていても、資産課税部門が何をする部署か分からないくらい影が薄い部署が資産課税部門でした。

赴任して上司の説明を聞いて、やっと相続税・贈与税及び不動産の売買の譲渡所得税を担当する部署だと知りました。

新人調査官はこのようにして各部署に配属されるのですが、基本的に最初に配属された部署の仕事に定年まで従事します。

この最初に配属された部署が、その調査官の「背番号」になるわけです。

各調査官の中から「総務係長」や「総務課長」、上は「副署長」や「署長」になる人がいますが、税務署内部では、法人（背番号）の「署長」とか、資産（背番号）の「総務係長」とかで表現されます。

税務署の定期異動は7月10日と決まっていますが、「今度の署長は個人（背番号）らしい」とか「副署長は法人（背番号）らしい」とかの話に花が咲きます。

税務職員の勤務評定は、最終的には署長・副署長が決済をするので、税務職員としては署長・副署長は自分の背番号であった方が望ましいわけです。どの会社でも同じように、自分の上司であった人や自分の部署で一緒に仕事をしていた人が部長や役員になった方が自分が日の目を見る可能性は高くなりますからね。

税務署も一緒です。どうしても自分と一緒の仕事をしている者の方が可愛く見えるのは仕方ないことです。

昇進枠が1つしかない場合、同じレベルの職員AとBがいるとき、署長は個人（背番号）でAは個人（背番号）・Bは資産（背番号）だったら絶対にAが昇進します。

そのようなわけで自分の昇進にも影響を及ぼす定期異動ですが、資産課税部門の職員というのは人員も少ない（全体の約6％程度）ですから、税務署内のスペースの配置も隅に置かれますし、人事面に影響を持つ署長・副署長に昇進する人も少ないですから何につけ辛酸《しんさん》を嘗《な》めることになります。

今回、コロナの影響で相続税の調査割合が通常の5件に1件（約20％）が10件に1件（約10％）になりますという動画を上げたら、「他の部署との繋がりはないのですか？ 他の部署で応援しあうということはないんですか？」という質問が寄せられました。

税務署の担当は、最初に法人税担当、所得税担当、資産税担当と決まれば、例外を除いて、定年まで同じ担当をしますと説明しました。

税務職員は各税目の基本くらいは知っていますが、他税目の難しいことは知りません。ましてや、調査となると税法はもちろん、取扱通達や裁決事例などを熟知していないと調査などできるものではありません。

私は資産税担当を約40年してきましたので、相続税は何でも分かりますが、法人税の難しいことは分かりませんし、ましてや調査となると全くできません。

なので、私の事務所に法人税の依頼のために来所くださる方がいらっしゃいますが、法人税専門の知り合いの税理士を紹介しています。

逆に法人税担当の者は相続税の調査は全くできません。

それくらい相続税と法人税の専門性は高いのです。

会社の社長さんも勘違いされている方が多いです。

「うちの会社には顧問税理士がいるから、相続税対策も大丈夫や」と言われますけど、会社の顧問税理士は法人税の専門ですから相続税対策なんかは分かりませんし、社長の相続税の節税なんかは全く考えていません。

将来社長に相続が発生すると子供たち（相続人）が酷い目に遭うことになります。

5　嫌な税務署は、そもそもどのような権限で調査に来るのか

嫌な税務署は、そもそもどういう権限で事業所や自宅などに調査に来るのか？を説明します。

警察や税務署って聞くと、何も悪いことをしていなくてもドキッ！としますよね。

警察署と税務署の署は「署：漢数字の皿の下に者」ですよね。裁判所や市役所は「所：とこ

ろ」です。

この「署」と「所」の違いはご存じですか？

警察署と税務署の「署」の漢数字の罒は网で実は籠《かご》という意味なんですね。鳥籠とかありますよね。その籠なんです。竹で編んだ籠を連想してください。

昔の時代劇なんかで見られた方もいらっしゃるかもしれませんが、悪いことをした人が籠に入れられて荷車に乗せられて、処刑場に引いていかれる場面がありましたよね。今の若い方は見られたことはないでしょうけど……。

改めて、漢数字の罒は籠なんです。その罒の下に者が居ます。

これで大体分かりますね。そうなんです、署は籠を被せられた人、いわゆる捕らわれた人（罪人）なんですね。そう言えば罪人の「罪」にも罒がありますね。

警察署や税務署は悪いことをした人を「捕らえる所」なんです。

だから、何も悪いことをしていなくても、反射的にドキッ！っとするんでしょうね。

では、本題の「嫌な税務署は、そもそもどういう権限で事業所や自宅などに調査に来るのか？」ということですが……、国税通則法第74条の3に「当該職員の相続税等に関する調査等にかかる質問検査権」というものが規定されているんですね。

税務調査官は、この「質問検査権」を盾にして事務所や自宅に来て、帳簿などを見たり相続人などに質問できるんですね。

税務調査官に提示を求められたら、帳簿の提示を正当な理由がなく拒否したり、黙秘や虚偽の答弁をすると罰則があります。

罰則は、1年以下の懲役または50万円以下の罰金に処するとなっていますから、税務調査には応じるしかないということになるんですね。

また、税務調査官は調査によって昇任が決まりますので、この調査で実績を上げようとしていますから必死なんです。

特に、相続税の調査の場合は、事前に念入りな審査をして、申告漏れや不正が見込まれる事案を選定していますから、調査に入りますと約83％について何らかの申告漏れが見つかります。

税務調査官にとっては何も見つけられなくて税務署に帰るときは非常に苦痛なんですね。上司なんかから「空振りかっ！」って言われたりしますからね。

だから、何もないときなどは何かないかと必死になるんです。

そこで、調査に協力しないような言動や行動をとったりしますと、「必ず何かを隠している」と食いついてくるんです。

私が調査官として担当した相続税事案が脱税として新聞にも載りました。

この時は逆に相手の抵抗が強かったですね。関与税理士からは、相続人の

話を聞かない税務調査官として「訴える」とまで言われたりしたんですが、こちらは、質問検査権に従って調査もしていますし、相続人の話も十分に聞いた上で調査していて違法な調査はしていませんから、「訴えるのなら勝手にやって」とか言い返して、更正処分をしたこともあります。

この事案では、法の目をかいくぐって「行き過ぎた節税策」を取っていたので、そのスキームを提案した税理士も必死でしたね。相続税法第64条「同族会社の行為計算否認（いわゆる伝家の宝刀）」の規定を基に更正処理したんですが、法律は緻密に作られていますね。

このように、税務調査官は「質問検査権」を盾に調査にやってくるのです。税務調査官当時はそんなに重く受け止めていなかったのですが、今は税理士という逆の立場になって思いますのは、「質問検査権」って、なかなか凄い権限ですね。

6 書面添付をしたがる税理士は当局の味方？

先日、国税庁が「書面添付割合」を公表しました。

所得税と相続税、法人税に区分しての公表なんですけど、なんと！ 驚くことなかれ。相続税の割合がグンを抜いて高いのです。

数字を挙げますと、所得税、法人税は平成30年度で相続税は平成29年分ですが、所得税が1・4％、法人税が9・5％なんですけど、相続税は20・1％もあるんです。

実に、5件に1件は「書面添付」がされていることになります。

提出された相続税の申告書は約11万件ありますから、2万2千件も「書面添付」がされていたことになります。

税理士が進んで書面添付をしているのか、相続人が書面添付を望んでいるのか、そこはよく分かりませんが、相続税の納税者（つまり相続人）は、所得税や法人税の経営者と違って、税務調査の経験がないものですから、書面添付をすると「調査割合が減ります」なんて聞くと飛びつきますので、その相続人の心理を知った税理士事務所が「書面添付をすると調査を受ける確率が減ります、当事務所は書面添付を行っています」って宣伝すると相続税申告書作成の依頼が増えますから、その影響が大きいんでしょうね。

書面添付なんかすると、税務署が助かり、かつ調査官の餌食になるのに……ですね。このことを知っている私がもっと周知するべきなんでしょうか。

国税庁がなぜ書面添付を勧めるのかですが……。

ズバリ！　人出不足だからです。近年は、税務署の事務量が増えて、かつ、職員の増員はないわけですね。

となりますと、日頃の経常事務は手を抜けませんから、どうしても調査日数が削られてしまうんです。

私が、30歳代のバリバリの調査官だった頃は、年間16件くらい相続税の調査をやっていましたが、今は年間8件から10件です。そこまで調査事務が圧迫されているんです。

ですから、納税者側の税理士に税務調査官目線で申告書を作成させて調査する件数を減らそうという思惑なんです。

書面添付の趣旨は、税理士が税務署に成り代わって亡くなった方の過去の預金通帳の出入りを確認し、また、家族名義の預金内容を検討して相続税の申告書を作成するんです。

ハッキリ言って、私も国税調査官でしたから言えることですけど、国税調査官は追徴の税金を取るのが仕事です。ですから、調査で税金を「取ろう取ろう」とします。

「税理士が税務署に成り代わって亡くなった方の……」ということはですね、税理士に税務調査官になってもらおうというのが書面添付制度なんですね。

そりゃあ、税務調査官目線で税理士に相続税の申告書を作成させたら、名義預金などの微妙なものは最初から被相続人の財産として計上するわけですから、調査事案になることは100%ないわけですよね。

税理士が本当に、そして真剣に税務調査官目線で相続税の申告書を作成したならば、調査選定になる案件なんかありません。

そういう意味では書面添付をすると調査対象になる可能性が減ります、というのは間違いないんですけど……。

でも、みなさんよく考えてください。自分がお金を出して雇った、自分の味方のハズの税理士が、税務調査官に成り代わって相続税の申告書を作成するんですよ。

このことを、まともに考えたら、申告すべきか・申告しなくてもよいかの怪しい部分を税務調査官は追徴の税金を取りに来るんですから、税務調査を避けようとすれば被相続人の財産として申告することになるんです。

名義預金で言いましたら、被相続人のものか・相続人のものか分からない預金は事前に申告することになるんです。

申告しなければ、嫌な税務調査官が調査にやって来るんですから。

そんな税務調査官に成り代わって申告されている税理士さんばかりではなく、中には、相続人を守るために怪しい部分を無理に区分している税理士さんもいますけど、どのようなものでも書面添付で名義預金などを、これは亡くなった方の預金・これは相続人の預金などと区分したものがあればあるほど、税務調査官としては追徴の相続税を取りやすいんです。

「書面添付」をしない税理士は、懲戒処分を怖がってやらない、という内容のHPもたくさん出ていますが、①預金の存在を知ったのにそれが遠方の金融機関だったので申告から除外したとか、②金地金の存在を知りながら申告しなかったのならば、懲戒処分の対象になるでしょうが、相続財産か相続財産ではないのか、はっきりしないものを相続財産としなかったというのであれば、これは、税理士と税務署の「見解の相違」レベルの話ですから、懲戒処分なんか全く関係ありません。

私も総務課長時代に、ある怪しい税理士の調査をして「国税局に報告」したことはありますが、書面添付関係で懲戒処分を受けたという話は一度も聞きません。

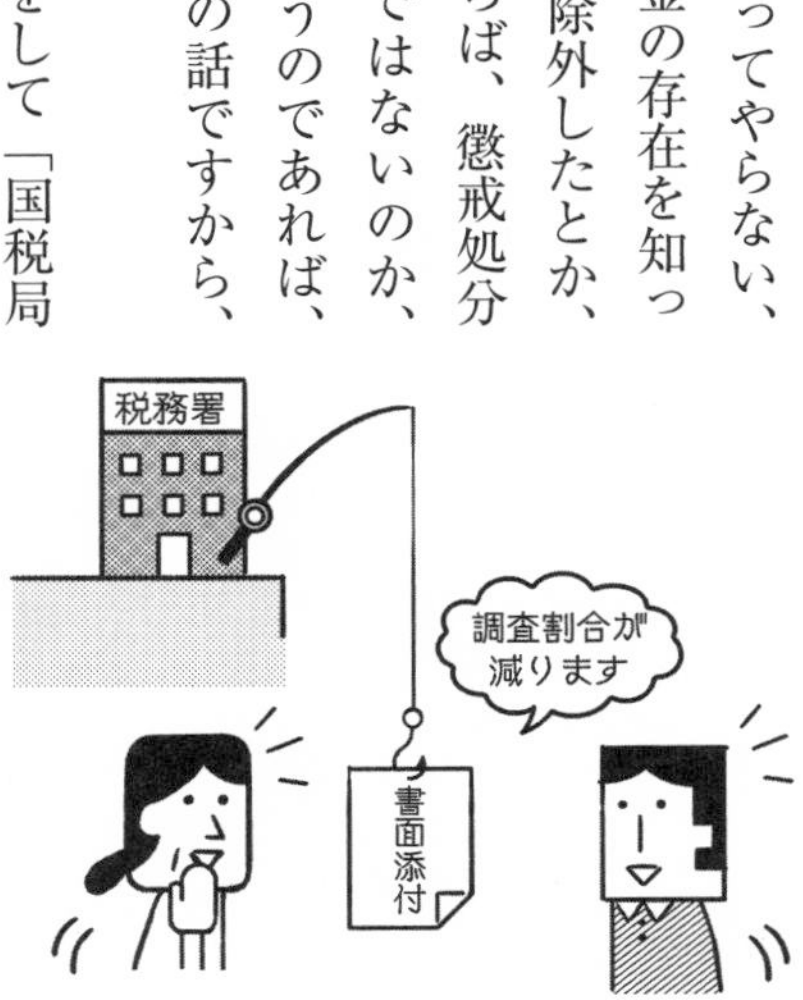

相続人の不安をあおって、顧客を獲得しようとする税理士は本当にお客さんのことを思っているのかなあとも思います。

私が税務調査官目線で見て、審査請求に耐えられないのなら、相続人を説得して申告に計上していますが、白黒はっきりしないものは、書面添付などせずに、敢えて税務調査を受けて税務署と真っ向から勝負する税理士の方が、相続人にとっては余程信頼できる税理士だと私は思うんですが、みなさんはどちらの税理士に依頼したいですか。

私も現職時代に税理士会役員との会合の場で、「書面添付を是非お願いします」と常に言ってきましたが、それは立場上、調査事案を減らしたいからで、税理士となって立場が変われば、相続人を守るため書面添付はこれまで１件もしたことはありません。

7 税務調査時の鉄則の質問と、その質問の意図

税務署は、７月10日が人事異動の時期でして、転勤する者・残る者まあいろいろあるんですが、大体３年に１回は転勤をします。

このように頻繁に転勤するのは、長年同じ所に務めていると税理士さんとか一定の人と親しくなるから、癒着がないようにするというのが人事上の目的です。

多いところで半分も変わらないんですが、たいてい３分の１くらいはこの時期に人の入れ替えがあります。

それで、その直後に「もしもし、調査に行かせてもらいます」って連絡がありましたら要注意です。

なにせ7月の異動直後は調査官も景気をつけたいもんですからいっぱい税金を頂けそうなところを最初に狙います。

ですから、7月以降に調査の連絡があれば「あ、ちょっとこれはやばいな」とこう思って頂いても結構かと思います。

それで、亡くなった方の自宅にお邪魔しまして、色々と話を聞くんですけど、ここで調査官が必ず聞く質問があります。それはどういったものかといいますと、まず亡くなった方の経歴ですね。亡くなった方のご出身はどこですかとか、どこに勤めておられましたかとか、何年くらいから何年くらいまで勤めておられましたか、退職はいつされましたかとか、そういった経歴を聞くんです。

それから趣味ですね。どんな趣味がありましたかって聞くんです。

あと病歴です。亡くなられた原因とか、どんな病気でしたかとか、いつぐらいから悪かったんですか、どんな症状でしたかとか、それと亡くなられたのは病院でしたか・自宅でしたか、などを聞きます。

最後は相続人関係のことです。奥さんの経歴であるとかも聞きます。

あと、調査官は、子供さんやお孫さんの住所なんかは既に調べて知っていますから、子供さんの勤務先とかも世間話的に聞きます。

ここまで言ったことは、全て鉄則の質問ですから必ず聞かれます。

このような質問に対して、「そんなこと聞いてどうするの？」とこう思われるかもしれませんが、調査で狙っている項目に対して直球で質問をしても、やましいことがあれば誰も正直に答えませんよね。だから何気なく世間話みたいに聞きます。

つまり、調査官の問いかけには全て意味があるんです。

あくまで調査官は何気なく聞いているんですけど、例えば調査目的が過去の収入に比べて預金が少ないとのことでしたら、預金をどこかに隠しているんじゃないかとか、預金が子供とかに渡っているんじゃないかとか、タンス預金にして隠しているんじゃないかとか、そのような裏側を想定しながら、その想定に沿って質問をしていくんですね。

まぁどう言うんでしょうか、昔の戦であれば、合戦の前に外堀を埋めておくということですね。何気ない質問をくり返して、最後に言い逃れができないように、前もって言質《げんち》を取るんです。

ここまでは質問のざっとした内容ですが、ここからは、具体的にその質問の意味を説明します。

例えば、亡くなったのは旦那さんで相続人は奥さんと子供だったとしましょう。

まず、旦那さんのご出身はどこですかって聞くんです。奥さんなんかが「九州の鹿児島です」と仰ったら、鹿児島にも土地を持ってらっしゃるんじゃないかとかですね、まだ自分の名義にしていない先代名義のままの不動産を持ってらっしゃるんじゃないかというような想定の元にご出身はどこですかと聞くわけです。

次に経歴ですね。奥さんに対して、旦那さんはどこにお勤めでしたかと聞きますが、会社を聞いてどれくらいの給料をもらっていたのか、それでお金の管理はどうされていたのか、一般的には奥さんに任せているというご家庭も多いかもしれませんけど、ご主人が、ご自分で管理されていましたか、それとも毎月一定額を家に入れてらっしゃったんですかとか聞きますね。

そこで奥さんが「うちは、主人が給料を管理していて、毎月35万円を入れてもらっていました」と答えられたりします。

この質問の意図としまして、定年退職をして確定申告を長いことされていないと税務署も過去の旦那さんの収入が分からないわけですから旦那さんの過去の収入を知るという目的もあるんですね。

それと、奥さんの預金が多いのは、旦那さんの収入から預金していたんじゃないかとか、そういうことを想定しての質問なんですね。

次に趣味ですね。旦那さんのご趣味はなんでしたかって聞くんです。『うちの人は旅行が好きでしたから、もう、しょっちゅう海外も行ってました』って答えられましたら、旅行でかなりお金を使っていらっしゃったかもしれんなぁと想定して、「どれくらいの頻度で行かれてましたか」って聞きますと、『まぁ半年に1回くらいですかね』って気軽に返答されるわけですね。

それで、中には『家の主人はゴルフが好きで、ゴルフはしょっちゅう行ってました』って仰いましたら、想定として「申告にはないけど、ひょっとしたらゴルフ会員券があるかもしれないな」とかそういう想定をするんです。

そして、「どこのゴルフ場に行っておられましたか」って聞きますね。

それで、税務署に帰りましたら、そのゴルフ場とその他、周辺のゴルフ場に亡くなった方所有のゴルフ会員権がないか調査するんです。

こういった質問をするのは、そこから旦那さんがお金を貯めるのが好きな人だったのか、それとも趣味なんかで散財する人だったのか、こういう人物像を掴みたいという意味もあるんです。人物像を想定して、申告された預金の額などが妥当なのか少ないのかを描いて、その上で調査を継続するのか調査を打ち切るのかを決めますので相続人の答弁はその後の調査に大きな影響があるんです。

また、冒頭で病歴を聞くと言いましたが、「いつ頃から悪かったんですか?」とかも聞くんですね。それで、奥さんが『うちの人は半年前からちょっと意識も遠のきましてね』なんて答えられましたら、それ以後に預金を引き出した履歴があれば、「誰が出したんかな?」というようなところを目的に聞くんです。

そのように聞いておいて、最後のツメの時に「亡くなられる３か月前に５００万円の出金がありますが、このお金はどうされましたか」って聞くんです。

例えば、入院費や葬儀費用などの目的があって出金したものではなくて、その後の相続税逃れのために引き出していたら、奥さんや子供さんたちはしまった！と思われるんでしょうけどもう後の祭りですね。モチロン「知らない」とも言えませんし、『知りません』と答えたら調査官から、「ご主人は、半年前から意識が遠のいていたんですよね、正直に答えてください！」と追及を受けることになります。

こうなりますと、相続人は言い逃れができなくなりタンス預金なんかも出さざるを得ない状況になります。

このように調査官は言葉巧みに誘導していくんですね。

他にも、相続人や相続人の家族の預金額の妥当性を見るために、相続人関係のことも聞きますが、「子供さんのお勤め先はどこですか」なんてことも聞くんですけど、子供さんやお孫さんの職業ということになりますと勤め先においてどれくらいの給料をもらっているのか、その上で、あんまり給料をもらっていないのに預金が仮に３０００万円もありましたら、「３０００万円……これは多い。きっと亡くなった方から流れているな」とか想定して名義預金の調査をするわけです。

それと調査の際に調査官が既に知っていることでも敢えて聞いて、その相続人が本当のことを言う人なのか、信頼できる答弁をする人なのか、というようなところも見極めます。

そして、全部聞いた答弁の内、調査官が把握しているところで正直に答えられましたら、「この相続人の方と提出された申告内容は、全般的に信用できるな」と判断するんです。

調査官が既に把握しているところを嘘の答弁なんかをしますと「質問顛末書」というものを取られる可能性があります。

この「質問顛末書」は、警察の「調書」と同じ意味合いのもので後で言った言わないを防ぐために取るものですから、調査官が「『質問顛末書』を取ります！」って言ったらその嘘はバレていると思った方がよいですね。

嘘をそのまま「質問顛末書」に取られますと、後で重加算税をかけられたりします。

8 相続税の税務調査の一日スケジュール

あなたの家に税務調査が入った日の、一日の調査の流れと、調査に入られた納税者の方は、当日はどのようなことに気をつけておけばいいのかについて説明します。

まず一日の流れですが、

① 相続税の税務調査は調査官2名で来ます

② 来訪の時間は、だいたい10時ですね

③ 応接間に案内されると、相続人・関与税理士と名刺交換をします

相続人は、名刺を作っていない方もいらっしゃいますが、ないものを出す必要はありません。相続人の誰々ですと名乗れば結構です。

④ 昼食などの食事はいただきませんが、お茶やコーヒーくらいは飲みます

まずコーヒーなどを飲みながら雑談（世間話）をするんですね。

⑤ いきなり調査に入ることはありません

新人調査官などは、この呼吸が分かりませんからいきなり調査に入ったりする場合もあるんですが、ベテラン調査官は世間話から入り相続人の気持ちを和ませてから調査に入ります。

⑥ いよいよ調査開始です

最初に、調査に来た理由を述べます。調査に来た理由と言いましても、ズバリ「相続人Aさんの預金は名義預金として疑わしいので来ました」などとは言いません。「提出していただいた相続税の申告内容の確認に伺いました」と言うんですね。

次に、亡くなられた方の経歴・趣味・病歴・死亡原因などを聞きます。その次に、相続人や相続人の家族について現在の状況（年齢・住所地・勤務先など）を聞きます。

⑦　それが終わりますと、いよいよ聞き取りの本番の部分ですね

そもそも調査官はそこを狙ってきていますから、言葉巧みに聞き取りながら狙ったところの外堀を埋めるような質問をしてきます。

税務調査官は、これで飯を食っていますから、調査慣れしていない相続人の扱いなんか赤子の手を捻るようなものです。

⑧　聞き取り調査が終わりますと、次は家の中を見ます

金庫などがあると必ず中を見せてもらいます。

国税局の査察調査と違って税務署の調査は任意調査ですから、金庫の中を見せてくださいと言われても拒否はできるんですが、拒否されるということは調査官には見られたくないものが入っているということですから、相続税の申告された内容は信用できないとして調査が厳しくなりますので見せた方がいいですね。

それから印鑑や預金通帳を保管している所も確認します。印鑑はよく使われているものかどうかを確認します。

白紙に朱肉を付けないで押すんですね。それから朱肉を付けて陰影を取り、誰が何に使っている印鑑かを聞いて陰影の横に記入します。

概ね、自宅で行う調査はこんなものですね。

このようなことをしていますと、だいたい昼くらいになりますから、まだ調査項目が残っていれば昼食のために外に出て午後1時から再開になります。

例えば、亡くなった方が貸金庫を利用していた場合なんかですと、一通り聞き取り調査が終わった後に「貸金庫に行きましょうか」となります。

調査官がなぜ貸金庫の存在を知っているか。調査官は事前に預金調査を行っていて、亡くなった方・その家族である配偶者・子供・孫の預金の取引内容は入手しており、貸金庫は使用料が銀行口座から差し引かれていますから、貸金庫の存在が分かるんです。

そして、貸金庫で開閉状況を確認します。相続開始後に誰かが開けていますと、その人は「何が入っていたのか」と追及を受けることになりますし、誰かが1人の独断で開けている場合などは、他の相続人から「金目のものを取ったんではないか」などと疑われることもありますので、貸金庫を開けるときは複数で開けられた方がいいですね。

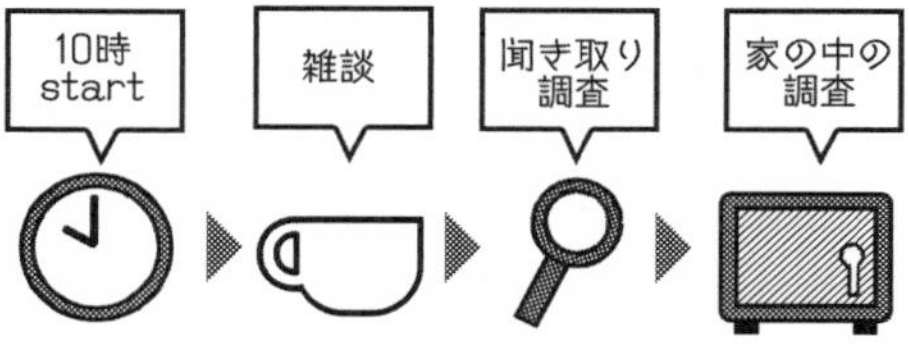

税務署も、1人の証言より複数の証言を信用しますからね。

まあ、調査は一般的にはこのような流れですが、これも事案の内容によってケースバイケースですが、一般的にはこのような流れになります。

第3章

相続税調査の着眼力

1 あなたは大丈夫？ 負の財産相続

先日、女性のKさんから相談がありました。

相談の内容は、Kさんの離婚した前夫が亡くなったという噂を聞いたんですが、このまま放っておいていいんでしょうかというものでした。

それで、Kさんにあれこれと聞きました。相続の相談は、通常なら聞きづらいようなことまで聞く必要があるんですね。聞くのは、興味本位とか面白いからではないんです。

それを聞いておかないと、相続対策で判断を誤る可能性もありますから、非常に大切なことです。最初に「聞き難いことをズケズケ聞きますが、判断を誤らないためですから気を悪くしないでください」とお断りして聞いています。

相続税に慣れていない税理士さんは、相続人に遠慮して立ち入ったことを聞かずに処理しようとするので、結果、間違った判断や後で問題を残すような申告書を作ったりしてしまうのです。

くどいようですが、そんなことのないように、相続税の相談や申告書の作成を依頼される場合は、相続税専門の税理士に依頼しましょう。

話を戻します。Ｋさんから聞き出した「離婚理由」は「元夫のギャンブルによる借金問題」とのことでした。

そこで私は、さらに「前夫の再婚」を確認したところ、Ｋさんからは「その後音信不通なので知りません」ということでした。

Ｋさんには前夫との間に子供が１人いてＳさんといいます。

前夫が再婚して妻と子供がいるとしても、前夫の財産の相続権は現在の妻とその子供に加え、Ｋさんの子供にもあります。相続人が増えるだけでＫさんの子供の相続権がなくなることはありません。

もしも、前夫が再婚していなければ、前夫の相続人はＫさんの子供のＳさんだけということになります。

ここでラッキーと思ってはいけません。もちろん財産を相続することはできますが、財産よりも借金が多かったら、その借金も相続することになるからです。

離婚理由が「前夫のギャンブル問題」でしょう。

財産はなくて借金を抱えて亡くなった可能性は高いですよね。

財産を相続すれば、必然的に借金も相続することになります。

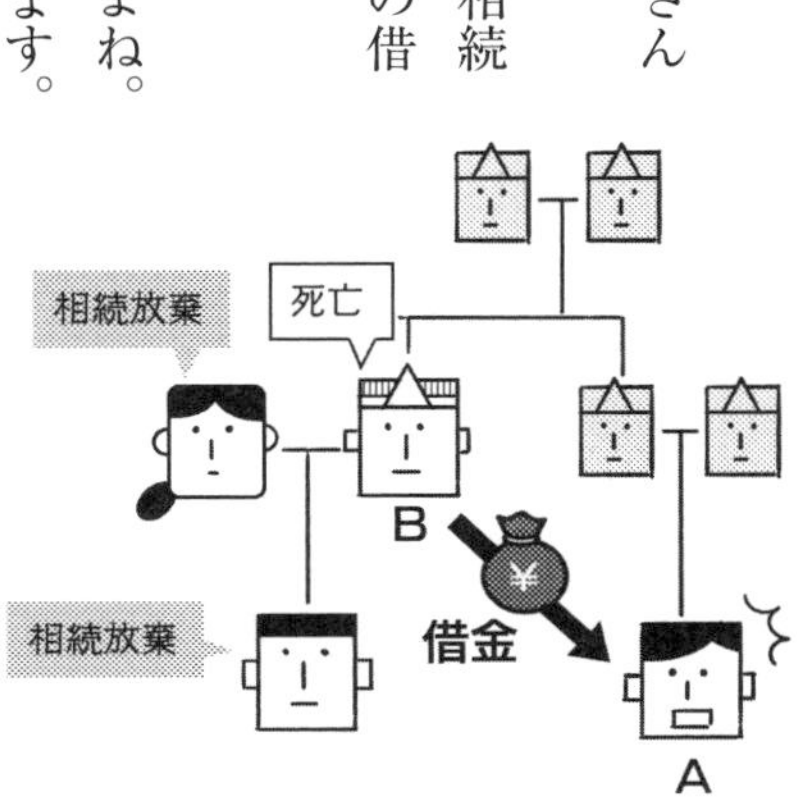

相続には、色々な方法があって、その1つに「限定承認」があります。相続した範囲内で借金も背負いますよ、という方法です。

しかし、明らかに財産よりも借金の方が多い場合は「相続放棄」をすることをお勧めします。「相続放棄」は、相続開始の日から3か月以内に、家庭裁判所に「相続放棄申述書」を提出して、家庭裁判所の許可が下りて初めて成立します。

Kさんみたいに、前夫と音信不通だった場合などは、前夫が亡くなったことが分からない場合もありますよね。

この場合は、前夫が亡くなったことを知った日から3か月以内に、家庭裁判所に「相続放棄申述書」を提出することになります。

この「相続放棄」のことをKさんに説明したら、早速子供に「相続放棄」をさせます、とのことでした。

以上は、別れた夫婦の例で説明しましたが、うちは離婚していないから大丈夫って他人事みたいに思っていたらダメですよ。

あなたも突然に借金を背負うこともあり得るんです。

どういうことかと申しますと、借金を抱えた親類縁者がいるとします。仮にあなたをAさんとして借金がある人をB叔父さんとします。

Ｂ叔父さんが亡くなって、Ｂ叔父さんの相続人がまず「相続放棄」をしたら、相続権はＢ叔父さんの両親（Ａさんの祖父母ですね）に移ります。

その祖父母も既に亡くなっていたら、相続権はＡさんの親に移ります。

仮にＡさんの親も亡くなっていたら、相続権はＡさん（つまりあなた）に移ります。

ですから、うっかりしていたら知らず知らずのうちに、遠い親戚関係のあなたが借金を背負い込むことになるんです。

Ｂ叔父さんが亡くなったら、Ｂ叔父さんの相続人は「相続放棄」をしたのかしていないのかを注視しておく必要があります。

相続問題なんか一般的にみなさんご存じありませんが、今回のことは「相続の常識」であるぐらいに認識しておかないと、何にも分からないうちに借金取りから突然に「請求書」が舞い込み、その時に「慌てる」ことになりますよ。

「そんなことは知らなかった」では通らないのが法律です。この本を読まれた方は、これを機会に「自分は大丈夫なのか」と自分の周りに借金を抱えた親戚がいないかなどを確かめてみましょう。

2 債務・葬式費用の調査

葬式費用として亡くなった方の預金を直前に引き出すと相続税の税務調査ではどうなるか、相続税の申告で債務・葬式費用としてどんなものが計上できるのかについて説明します。

まず、調査をするのは財産の調査だけではありません。債務や葬式費用についても調査します。最初に債務についてですが、相続税の申告に計上できる債務は被相続人の債務として確定しているものということになっています。

よく間違っているのは、亡くなった方（被相続人）が保証人になっているような場合です。保証をしていらっしゃることは確かなんですが、まだ保証債務が確定していないような債務を計上されている場合ですね。それから、亡くなられた後に請求された建物の火災保険料などです。

建物はまだ亡くなられた方の名義ですから勘違いが多いんですが、遺産分割協議が済んでなくて登記も済んでいなくても、亡くなられた後は相続人の財産ですから、被相続人が支払うものではなくて、相続人が支払うべきものになりますから、被相続人の債務には入りません。

次に、葬式費用ですが、亡くなられる直前に葬式費用に充てようとして被相続人の通帳から引き出した預金です。

預金者が亡くなられたのを銀行が確認したら銀行は預金口座を閉鎖しますから、お葬式とかの物入りのために直前に預金の引き出しをされる方は非常に多いです。

仮に、直前に３００万円の預金を引き出したとします。

お葬式が終わって葬式費用として２５０万円を葬儀社に支払いますよね。

税務署が調査に行くときには被相続人及び被相続人の家族の預金は全て調べますから、死亡直前に誰かが３００万円の預金を引き出したことは税務調査官は知っています。

ですから調査で「亡くなられる直前に引き出した預金は相続財産に含めてください」というわけです。

すると相続人の方が『あのお金は葬式費用に使いましたから残っていません』と言われます。

税務調査官は、申告書で葬式費用は２５０万円と知っていて引き出した預金も３００万円ということは知っていますから、「50万円は残っていますよね」と言うと『そうですね50万円は残っていることになりますね』と認められますが、「相続財産に入れていただくのは50万円ではなく３００万円ですよ」と言うと怪訝《けげん》な顔をされます。

「だって２５０万円はお葬式の費用に使ってしまってないんですよ、ないものを財産だなんて納得できません」と反論されますが、詳しく説明しますと２５０万円の葬式費用は相続税の申告に葬式費用として計上しているんです。

亡くなられる直前に３００万円の預金を引き出したから２５０万円の葬式費用が払えたんですね。引き出していなくて手持ち資金がなければ支払えません。

例えば、預金が１０００万円あったとして３００万円を引き出したら預金の残高は７００万円です。

７００万円から葬式費用の２５０万円は引くことができますから相続財産は４５０万円になります。

ちょっとおかしいですよね。

引き出さなければ預金残高は１０００万円です。そして葬式費用の２５０万円を引くことができますから相続財産は７５０万円になりますが、４５０万円が相続財産ですから３００万円がどこかに消えたことになります。

このような場合は預金７００万円、手持ち現金３００万円、葬式費用２５０万円となります。こ

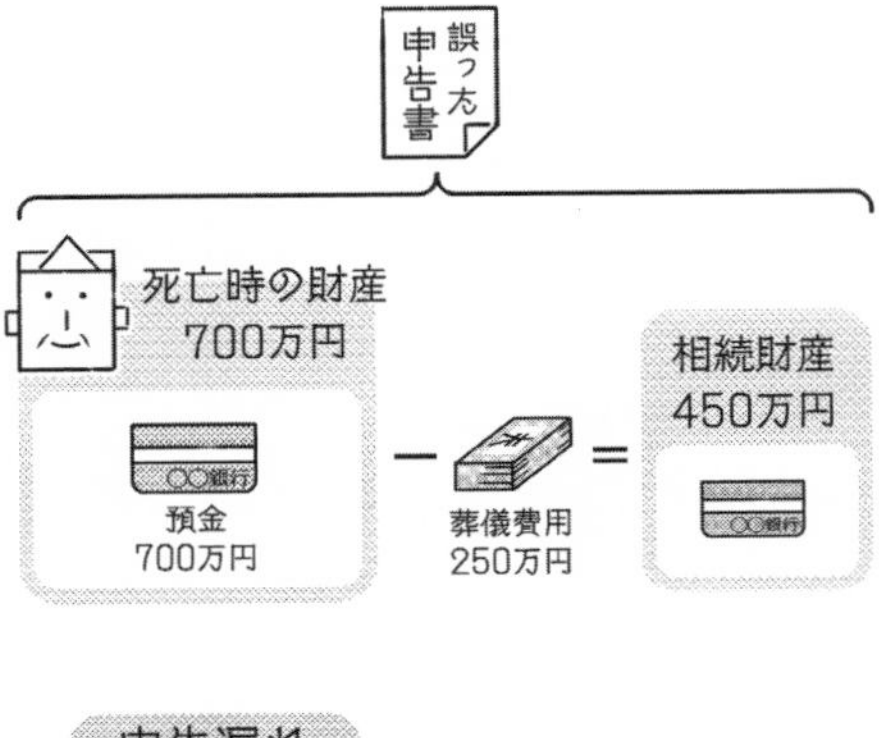

れで相続財産は７５０万円ですから辻褄が合うわけです。

預金が３００万円減って、かつ葬式費用で２５０万円を引いているケースがよくあります。

税理士に、「葬式費用は直前に引き出した預金から出しました」と説明されたら、税理士は「引き出した預金は手持ち現金として計上します」と説明しますが、ここまで税理士に説明されていない方が大半ですから、税務署の相続税調査で指摘されるケースが多いんです。

私は相続税専門の税理士ですから「葬式費用はどのように工面されましたか」と必ず確認しますが、相続に慣れない税理士ですと見逃してしまって、税務署に指摘されることが多いんです。

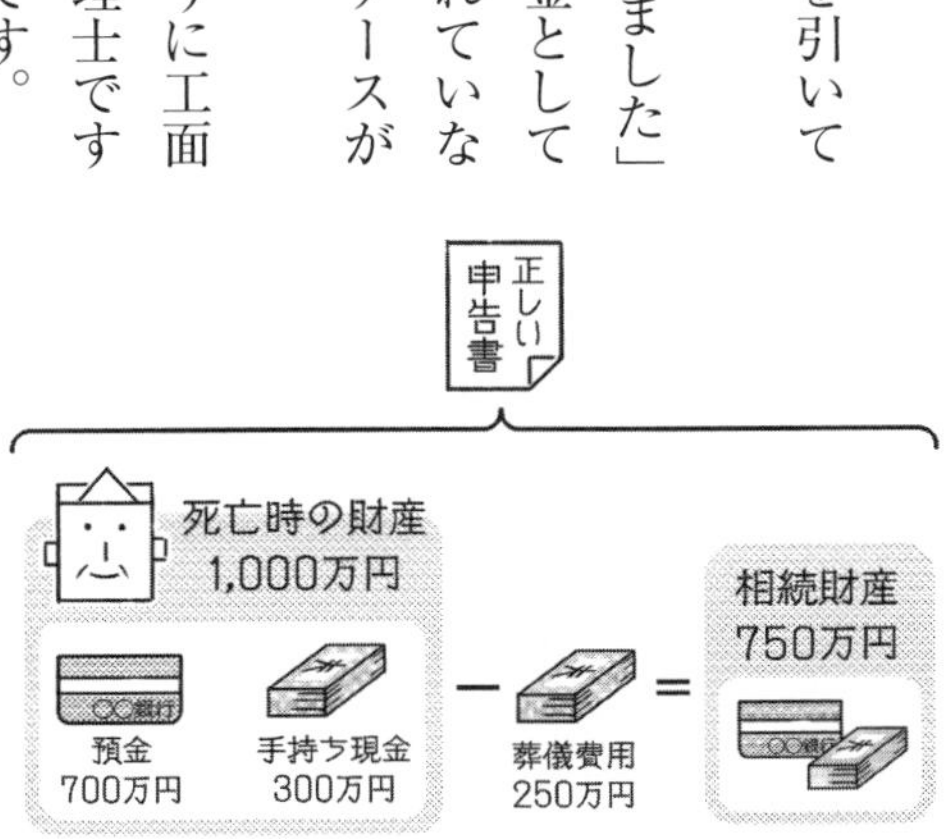

3　理不尽な財産の行方・その1

今回はちょっとレアで、理不尽なお話なんですが、「財産の行方」についてお話しましょう。

まずは、子供がいない夫婦のケースです。

近年異常気象による集中豪雨・震災・そして交通事故が頻繁に起こっていて、いつ自分が巻き込まれるか本当に他人事ではない状況になりました。

例えば、夫婦でドライブ中に交通事故に遭ってしまった。

救急車が駆けつけます。この時どちらが先かによって「財産の行方」が変わります。

夫婦に子供がいる場合は、財産は子供に移りますから特に問題はないんですが、問題は夫婦に子供と両親がいない場合なんです。

子供も夫婦ともに両親もいない場合は、相続人はお互いの兄弟姉妹になります。

そこで、救急車が到着したときに夫は既に亡くなっていて妻が虫の息だった場合は相続人は妻と夫の兄弟になり、法定相続分は妻が4分の3・夫の兄弟姉妹が4分の1になります。

次に、病院で妻が亡くなったとすると妻の財産は妻の兄弟姉妹が相続します。

逆に、妻が既に亡くなっていて夫が虫の息だった場合は、法定相続分は夫が4分の3、妻の兄弟姉妹が4分の1になります。

次に、病院で夫が亡くなった場合は、夫の財産は夫の兄弟姉妹が相続します。

財産の大部分は、夫が夫の先祖から引き継いだもので妻の財産はなかった場合の問題ですが、夫が先に亡くなったときの夫の兄弟姉妹が相続するのは4分の1、顔も見たこともないような妻の兄弟姉妹が４分の３を相続することになるんです。

いかがですか。そんな理不尽な！　ですよね。財産形成に何ら寄与していない人が３倍も多く相続するのです。

跡取りでない次男や三男の財産なら仕方ないかなとも思いますが、跡取りが持っている先祖代々の財産でしたら納得できない、ご先祖様に申し訳ないという感じですよね。

交通事故で説明しましたが病気で亡くなられた場合も同じです。

夫が先に亡くなられたら妻が４分の３、夫の兄弟姉妹が４分の１になります。

その後、しばらくして妻が亡くなれば妻の４分の３の財産は妻の兄弟姉妹が相続します。このようなことが起きるんです。

先祖の供養などどうなるんでしょうか？　たくさんの財産を棚ぼたで相続したからといって妻の兄弟姉妹が供養も引き継いでやってくれるんでしょうか。そんなことはない

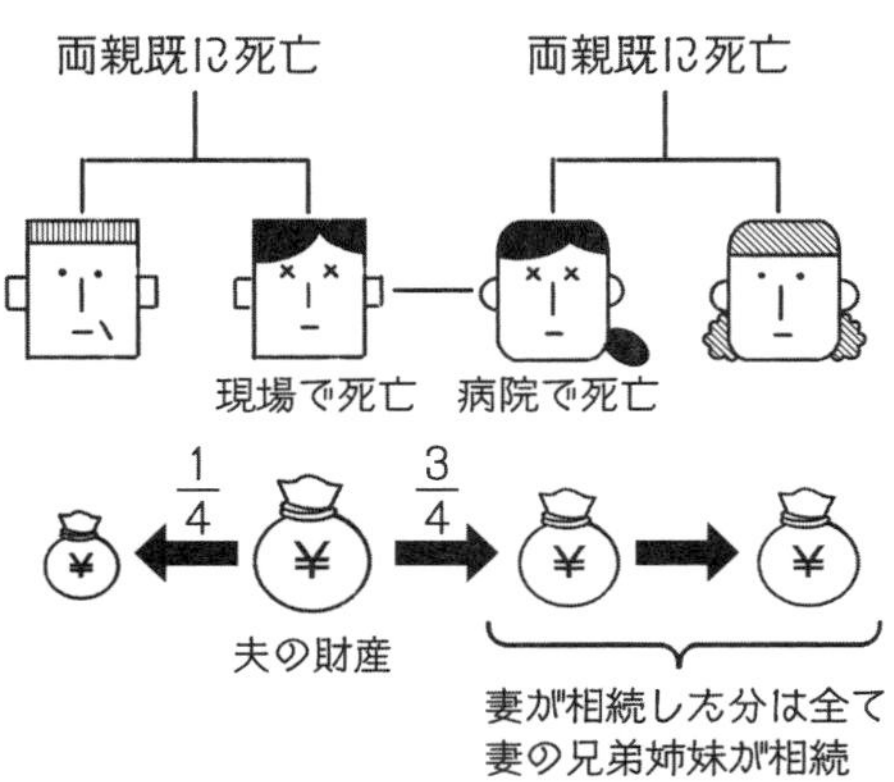

ですよね。

救急車が駆けつけたとき、二人とも亡くなっていたらどちらかが一瞬でも先のハズですが、この場合は、どちらが先と証明ができませんから同時に死亡したと推定されます。

この場合は、夫婦お互いの財産を夫婦お互いの兄弟姉妹が相続します。

これならまだ納得ですかね。

4 理不尽な財産の行方・その2

それでは、次に、独身の兄弟のケースをお話しましょう。

兄弟に独身の方がおられたらですけど、この頃は生涯結婚されない方もたくさんいらっしゃって私のところにも将来の相続について相談に来られます。

1例目は、私の知り合いのツテで相談に来られた二人兄弟の「弟さん」が相談者です。

「兄が60歳で独身ですが兄が亡くなると財産相続はどうなるのでしょうか?」という相談でした。

弟さんが心配されているのは10年前に父親が亡くなった(母親は、その前に亡くなっています）ときに父親の財産の大半を兄が相続したんですけど，将来の相続はどうなりますかというものでした。

このケースは問題ないですね。

相続の順位は，配偶者は常に相続人，そして第一順位は子供，子供がいなければ第二順位は両親，両親も既に亡くなっておれば第三順位は兄弟姉妹ですから，お兄さんの財産は全て弟さんが相続できます。

お兄さんには，配偶者も子供も両親もいないわけですから……。

もし，弟さんが先に亡くなっても弟さんに子供がいたら弟さんの子供（お兄さんから見たら甥・姪）が相続することになりますと説明したら，弟さんは，「そうですか，安心しました」と言って帰りそうになられましたが，「ちょっと待ってください」といって，引き留めました。

そこで私は，「安心してばっかりはいられないんですよ」と言うと，はぁ～という感じで座り直されました。

「もし，お兄さんにこれから彼女ができて，婚姻届けでも出されますと話は全然変わってきますよ」と言ったんですけど，有り得ないことではないですよね。

60歳まで独身だったからと言って，これからも独身とは限らないんです。

「愛は不滅なのです。」ちょっと，恥ずかしいことを言ってしまいましたが，言ってしまったついでに、以前映画で「後妻業」ってやりましたね。

私の嫁と嫁の友達のHさんが「後妻業」を観に行って、帰ってきてから映画の話をしていました。たまたま私がいて、Hさんが「私も、後妻業しようかな」って言ったんです。Hさんには、旦那も子供もいますから、もちろん冗談ですけどね。

私がすかさず「Hさんではダメ、後妻業はやれない」と言ったら、一瞬ムッとしましたが、すぐに取り繕って「Hさんみたいな綺麗な人では後妻業はできません」と言い直したら、ニカーっと笑って機嫌を直してもらえたんですけど……、「後妻業」は女優みたいに綺麗な人には務まりません。

男が警戒しますから……。「こんな綺麗な人が俺につくはずがない、何か裏があるのかな？ そーか、財産狙いか！」になるわけです。「後妻業」は、普通の人しか務まりません。

話を元に戻しますが、お兄さんがこれから先独身とは限らないわけです。

彼女ができて結婚式を挙げるでもなく、婚姻届けを市役所に出したら相続人の形態が変わります。

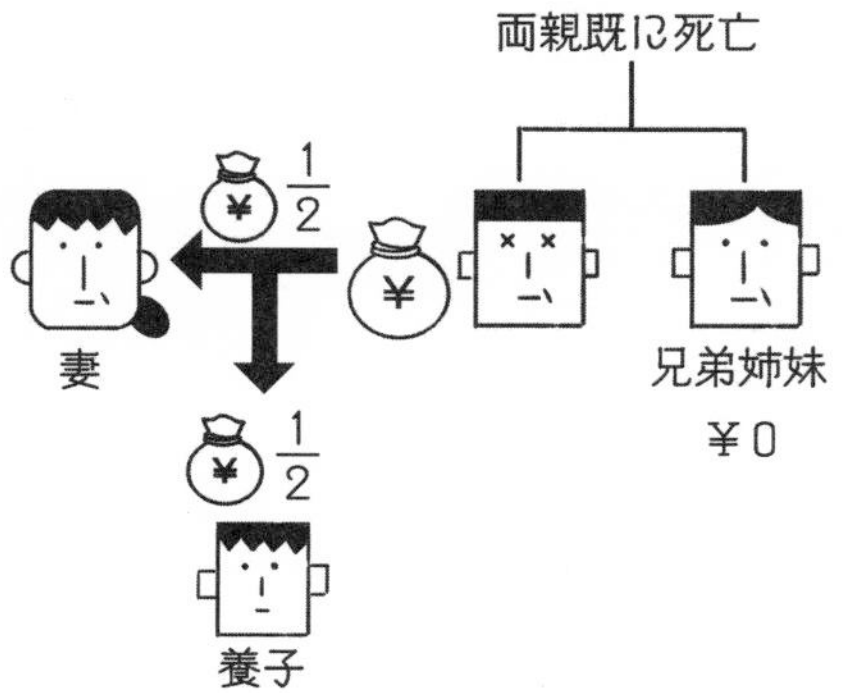

そして、お兄さんにもしものことがあれば、相続人は「妻」と「兄弟」になります。法定相続分は、妻が4分の3で弟が4分の1です。

もし、彼女に連れ子がいてお兄さんが連れ子と「養子縁組」をすると、法定相続人は「妻」と「連れ子（養子）」が2分の1ずつ相続しますから、弟は「0」です。

相続は、こんな理不尽なことが起こることも頭に入れておく必要があります。

兄が、一人で蓄財した財産であれば仕方ないことかも知れませんが、先祖代々の財産の大半を持っているのでしたら、例えば、万が一のことを考えて弟に相続させる旨の遺言書を作成しておくことも考えるべきなんです。

弟の甥・姪と養子縁組することも考慮の一つです。養子縁組したからといって一緒に住むことも必要ありませんし、戸籍上のことだけですから、法律に沿って財産の行方を確定させておくことも考えておく必要があります。

5　配偶者の税額軽減の使い方を間違うと損します

税理士には「法人税専門」と「相続税専門」の税理士がいることはいつもお話していますが、

こんなこともありました。

法人税専門の税理士の提案を疑問に思って、セカンドオピニオン的な目的で、実際に私の事務所に来られたお客さんのことについて数字を示して、どれくらい損をするところだったかを説明しましょう。

税法にはいろんな特例がありますが、みなさん特例と聞きますと使わなければ損と考えがちですが使ったら損ということは多々あります。

「配偶者税額軽減」も安易に使うと大損します。

これを具体的に説明します。
①夫80歳が死亡して、遺産は8千万円であった、②相続人は、妻79歳と子供1人（長男）であった、③妻は、独自の財産として8千万円を所有していた、④最初に関与した税理士（法人税専門）は、夫の財産は全て妻が相続するとした相続税の申告書を作成して相続人に押印させようとした、⑤妻は、次に自分が死亡したとき、相続税はどうなるのかと心配になり、押印をする前にその申告書を持って秋山税理士事務所に相談に来たというものでした。
その時の相談者と私の質疑応答です。
相談者：相続税の申告の依頼をしている税理士さんが、夫の財産は全て妻が相続するとした申告書を作成されましたが、この内容の申告書に印鑑を押しても大丈夫でしょうか？

私：配偶者には税額軽減があって、１億６千万円までは相続税がかからないから、その税理士はこのような申告書を作られたんですね。このような申告書は、相続税の仕組みを知らない税理士が、当面相続税がかからないからと作成するような申告書です。結論は、押印しなくて正解でした。その税理士は、奥さんの財産について聞きましたか？

相談者：いいえ、全く聞かれませんでした。

私：私が、改めて申告書を作ります。その税理士に任せておくと第二次相続で大変大きな相続税を支払うことになりますから大損します。

相続税の仕組みを知らないで、安易に相続税の申告書を作ると大損するんです。それでは、配偶者の税額軽減を安易に使うとどれくらい損をするかという計算をしてみました。この相談者の場合２１１０万円も損をするんです。

私は言いました。「よく押印をされませんでしたねえ。この相続税申告書に押印されていたら、将来的には２１１０万円も余計に相続税を納めることになっていました。目先のことだけで判断する税理士がいますから損をしないよう注意が必要です」

なお、第一次相続で配偶者がどれだけ相続すれば最も有利になるかは、第一次相続時の財産額と配偶者独自の財産額によって、１００人いれば、１００通りの答えがありますから、みなさんも相続税専門の税理士に算定してもらってください。

さらに、この例で妻の相続（第二次相続）を見据えて、資金贈与による節税を図れば110万円を2人に贈与すれば1年で44万円、310万円を2人に贈与すれば1年で88万円（相続税の節税額が128万円、贈与税支払いが40万円）の節税になります（贈与をする相手は法定相続人以外として算定しています）。

110万円以内の贈与か何もしなければ税金を支払うことはありませんが、敢えて贈与税を納めてでも贈与をすることによって、全体で支払う税金は減りますので節税のためには頭の切り替えが必要なんです。

【相続税のしくみ】

1　第一次相続で、全ての財産を妻が相続した場合、相続税は0円（93頁のⅠの①）だが、第二次相続では3260万円（同②）もの相続税がかかり、第一次相続と第二次相続の合計額は3260万円（同③）になります。

2　しかしながら、第一次相続で妻は相続しなかった場合、第一次相続では470万円の相続税がかかり（妻が全てを相続すれば0円）、当面大変損をしたように見えますが、第二次相続では680万円の相続税で済みますので、第一次相続と第二次相続の合計額は1150万円（94頁のⅡの③）になるので、差引2110万円（同④）も違います。

Ⅰ　第一次相続で妻が全ての財産を相続した場合

①第一次相続

相続財産	基礎控除額	課税価格
80,000,000	42,000,000	38,000,000

法定相続人	配偶者	長男	合計
法定相続分	2分の1	2分の１	
按分金額	19,000,000	19,000,000	38,000,000
税率（％）	15	15	
税額控除額	500,000	500,000	
相続税の総額	2,350,000	2,350,000	4,700,000
相続した財産額	80,000,000	0	80,000,000
各人の算出税額	4,700,000	0	4,700,000
配偶者税額軽減額	4,700,000	0	4,700,000
各人が納付する税額	0	0	0

②第二次相続

相続財産	基礎控除額	課税価格
160,000,000	36,000,000	124,000,000

法定相続人	長男	合計
法定相続分	1分の１	
按分金額	124,000,000	124,000,000
税率（％）	40	
税額控除額	17,000,000	17,000,000
相続税の総額	32,600,000	32,600,000
相続した財産額	160,000,000	160,000,000
各人の算出税額	32,600,000	32,600,000
配偶者税額軽減額		
各人が納付する税額	32,600,000	32,600,000

③

第一次＋第二次の税額	32,600,000

Ⅱ　第一次相続で長男が全ての財産を相続した場合

①第一次相続

相続財産	基礎控除額	課税価格
80,000,000	42,000,000	38,000,000

法定相続人	配偶者	長男	合計
法定相続分	2分の1	2分の1	
按分金額	19,000,000	19,000,000	38,000,000
税率（%）	15	15	
税額控除額	500,000	500,000	
相続税の総額	2,350,000	2,350,000	4,700,000
相続した財産額	0	80,000,000	80,000,000
各人の算出税額	0	4,700,000	4,700,000
配偶者税額軽減額			
各人が納付する税額	0	4,700,000	4,700,000

②第二次相続

相続財産	基礎控除額	課税価格
80,000,000	36,000,000	44,000,000

法定相続人	長男	合計
法定相続分	1分の1	
按分金額	44,000,000	44,000,000
税率（%）	20	
税額控除額	2,000,000	2,000,000
相続税の総額	6,800,000	6,800,000
相続した財産額	80,000,000	80,000,000
各人の算出税額	6,800,000	6,800,000
配偶者税額軽減額		
各人が納付する税額	6,800,000	6,800,000

③	第一次+第二次の税額	11,500,000

④	ⅠとⅡの差額	▲21,100,000

6 非課税も社会通念上認められる公序良俗に反しない範囲ですよ

いきなり相続税法の説明をしますが、相続税法第12条は「相続税の非課税財産」の規定です。相続税法第12条第1項第2号には、「墓所、霊びょう及び祭具並びにこれらに準ずるもの」と規定されています。難しい言葉で表現されていますけど、要はお墓・仏壇・お鈴などは相続財産としませんよ、という規定なんです。

当事務所のお客さんの相続税の申告書を作っていますと、たまにお客さんが『亡くなった父が仏壇を買っておかねば、なんて言ってましたけど、とうとう買わずに亡くなったので、私が買いました』と言って仏壇の領収書を持ってこられたりします。

一概に仏壇と言いましてもピンキリですよね。何十万円のものもあれば何百万円のものもあります。領収書を持って来られる意図は、相続税の申告に債務として入れてくれということなんです。

実は、この仏壇の購入費用は「債務に計上できません」。中には、『親父を入れるお墓を買いました』と言って来られる方もいらっしゃいます。これも仏壇と一緒ですね。債務に計上はできません。

そしたら、どうすればよかったか？　なんですが、亡くなられたお父さんが仏壇を買ってい
ればよかったんです。

銀行預金はお父さんが亡くなった時点での預金残高が相続財産となります。

例えば、お父さんが亡くなった時点での預金残高が３０００万円だったとしますと、
３０００万円が相続財産ですよね。

お父さんが仏壇を２００万円で買っていたとしたら、当然預金を引き出して支払うわけです
から相続財産である預金は２８００万円になります。

買った仏壇は「相続税の非課税財産」ですから相続財産に計上する必要はありません。

結果として、債務計上したことと同じことになって相続税が減ります。

仏壇を亡くなった親が生前に買うか、子供が後で買うかというもので、買うという行為は同
じなんですが、仏壇を後で相続人が買えば債務計上できない。親が生前に買っておけば結果仏
壇の購入費分は預金が減りますので債務計上できたことと同じになります。親が高齢で、かつ、
病気がちで、いずれ仏壇を購入しようと思っていらっしゃる方は親がお金を出して買った方が
節税になります。

お墓も同じです。中には、祠堂銭《しどうせん》を支払う方もいますが、これも親が生前にお寺に納めると

いうのはいかがでしょうか。

祠堂銭とは、故人の冥福を祈るために祠堂（御霊屋・持仏堂とも）の管理・修繕費用あるいは供養費用として寺院に寄進する金銭のことです。

５００万円のお鈴が東京の百貨店で凄く売れているという雑誌記事がありました。

これも、相続税対策ですね。預金が５００万円減って、買ったお鈴は「相続税の非課税財産」ですから……。それから５０００万円の仏壇の話です。

ある方が、５０００万円を使って純金製の仏壇を作ったんですね。

これも、相続税法第12条に「相続税の非課税財産」の「墓所、霊びょう及び祭具並びにこれらに準ずるもの」を狙った節税対策です。

その方は、これでかなりの財産を減らしたので、「私に万が一のことがあっても大丈夫」と息巻いておられたそうです。これが認められたら、かなりの相続税の節税になりますよね。５０００万円が０円になるんですから……。

でも、どうでしょう。本当に大丈夫なんでしょうか。

仮に私が、現職の税務調査官だったとしたら、裁判になるのを覚悟してでも、この仏壇は絶対に非課税にはしませんね。

純金部分は相続財産として、課税対象にします。

今までは、このような節税行為がなかったものですから、税務署も黙っていましたが、これが認められるようであればみなさん真似をされますからね。

ほとぼりが冷めたら「純金を取り出して売ればお金に変わりますから……。」金の価値は上がってますから、売った時点では7000万円くらいで売れるかも知れませんね……。

みなさん、色々と知恵を絞り相続税を如何に少なくするかを考えていますが、将来に税務調査で否認されるような危ない橋は渡るべきではありませんね。

そこにいきますと、いずれ仏壇やお墓を買うのであれば、親が生前に「常識的な仏壇やお墓」を購入しておけば確実に相続税は減ります。

税金というものは、ちょっとやり方を変えただけで課税にされたり非課税になったり、債務に計上できたりしますので、「こういうやり方で大丈夫か」と専門家に聞いておく方が無難です。

それと、毎年110万円贈与税の基礎控除の範囲内で贈与を繰り返しておられる方もたくさんいますけど、これもやり方を間違って調査官の餌食になる方がたくさんいますから、やり方を専門家に確かめられることをおススメします。

7 調査を受けるハメになる相続税の申告書とは？

調査をする事案というのはある根拠の元に「調査に選定しているんです！」ということについて説明します。

まず、みなさんの近しい方が相続税の基礎控除以上の財産を遺されて亡くなられた際には相続税の申告をします。

その申告書を税務署が受け取った後、すぐに申告書の内容を見て調査が始まるというわけではありません。申告書が提出されてから、実際に調査の選定が始まるまでには大体1年ほどの期間があります。

そして、実際に調査選定が始まったとしても相続税の調査というのは時間がかかりますから、1人の調査官が1年間に調査できる件数というのは8件から10件くらいなんですね。

ですから、調査をする事案というのは申告漏れが少しでも多く見込まれる事案を選定するわけです。

申告漏れが少しでも多く見込まれる事案というのはどのような事案かと言いますと、一番は金融資産が多い事案です。亡くなった方の全ての財産の内、金融資産の比率が多いか少ないか、これが選定条件の1つになります。

これはなぜかと言いますと、亡くなった方の財産の内で不動産というのは評価の仕方が間違っているケースはありますが不動産は隠しようがないから、申告から漏れているということはまずありません。

ですから申告された財産の大半が不動産である場合には、たとえ申告された財産が何億円もあったとしてもなかなか調査事案には選定しないわけです。

その点、預貯金や株券などの金融資産は申告せずに隠すことができますから、自ずと金融資産の多い事案を調査選定するというのは税務署内部では常識みたいなものなんです。

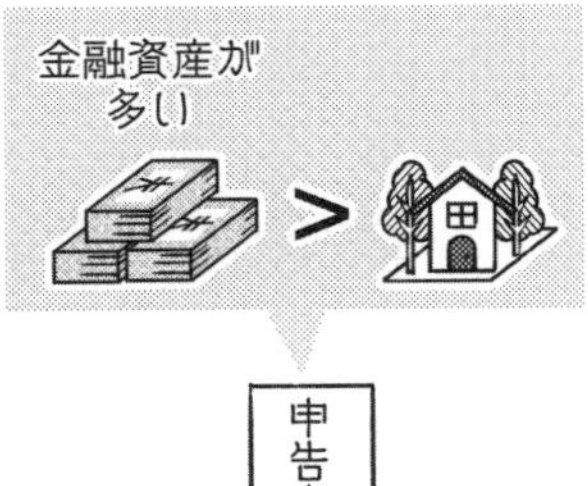

ではここからは、提出された申告書の中に金融資産が多い事案があった場合の実際の調査選定の方法を説明したいと思います。
まずは、①亡くなった方の過去の所得税の申告書から過去の収入額を把握します。これで亡くなった方が例えば、10年間でどれくらい蓄財ができるか、これを計算するわけです。②そし

て先ほどの概算を元に、申告額と比較して妥当な金額が申告されているか否かを判断します。申告された預貯金などの金額が概算よりも少ない場合は、お金は何処に流れたのか妻や子供や孫のものになっていないかなんかを見極めるんです。

そこで、妻や子供や孫の預金などが多いと調査官は「名義預金」をターゲットに、調査に着手するわけなんです。③また、亡くなられた方の金融資産が、妻や子供や孫の預金などになっていない場合は、タンス預金や、金の購入、遠隔地の銀行に預金をしていないか、外貨建て商品の購入等によって財産を海外に持ち出していないかなんかを調査によって解明するんです。

また、④税務署はＫＳＫシステム（国税総合管理システム）という独自のコンピュータシステムに蓄積されている亡くなった方の過去の情報も持っています。

これは、父母や夫の相続で財産を取得したとか、亡くなった方は過去に土地を1億円で売却したとか、取引の金融機関名であるとか、不動産の貸付の状況であるとか、どこの会社から配当金をもらっていたとか、海外送金があるとかのありとあらゆる情報が蓄積されていますので、このＫＳＫシステムの情報と申告内容とを比較検討して情報と申告に齟齬があれば調査事案に選定するんです。

さらに、⑤調査対象事案の申告に関しては、税務署は銀行や証券会社にも照会をして亡くなった方やその家族（妻・子供・孫）の取引内容も持っていますから、相続税の調査に入られたときにはもう既に調査は80%は終わっていると言っても過言ではないんです。

そして、他にも、⑥過去に高額な不動産の譲渡があるとか、⑦大口資産家であるとか（これは、資産家の方というのは相続が発生する前から税務署は独自に情報を収集しているんですね）、それに、⑧著名人というものもあるんです。

この著名人ですけど、申告内容に不明なことがなくても著名人は元々調査対象になっていますから、キッチリと申告されることをおススメします。

ざっと、こういった調査選定項目を基に調査にするか調査省略にするかを決めています。

8 特例を安易に使ったらダメ

「この特例は、この場合使ったらいけない」という説明をします。

結論を先に言うと、相続時精算課税制度、居住用資産の買換えの特例、事業用資産の買換えの特例なんかは税法の中身を良く知って使わないと将来大損します。

資産税関係の税法には数多くの「特例」があります。

相続税では、配偶者の税額軽減、小規模宅地の特例など、贈与税では配偶者控除、相続時精算課税制度、教育資金の一括贈与など、譲渡所得では居住用資産の買換えの特例、土地の収用を受けた場合の代替え資産の特例、居住用資産を売却した場合の3000万円控除など、ここに並べるにはちょっと多すぎますかね。

みなさんは、この「特例」という言葉を聞いてどう思われますか。

「特例」を辞典で調べると、特別に設けた例外、または、特別の場合に適用される法令・規定となっています。

これって、「お得」って連想しますよね。

でも、状況によっては、この「特例」を使うことで大損します。

今回は、この場合は使ったらイケない特例を紹介します。

まずは「相続時精算課税制度」から説明します。

税理士の中でも資産税関係に疎い税理士は、安易にこの「相続時精算課税制度」の特例をお得ですよと言って、お客さんに使わせる人もいますから気をつけてください。

「相続時精算課税制度」の特例は、色々な条件がついていますが、概要を言いますと、両親や祖父母から生前に贈与を受けても2500万円までは非課税・2500万円を超える金額については累進税率（最高55％）ではなくて、一律20％にしますという特例です。問題と言いますのは、この「相続時精算課税制度」の言葉どおり「相続時に精算する制度」なんです。

いわゆる、もらって（贈与を受けて）お終い、ではないんです。贈与をした両親などが亡くなったときには相続税で精算しますよ、ということなんです。

これを聞いて、「相続時精算課税制度」を使って贈与を受けなかったら、どうせ将来相続税がかかるんだから一緒じゃないか、と思われた方はかなり相続税が分かっておられます。

はい、そのとおり「相続時精算課税制度」を使って贈与を受けなかったら、将来相続税がかかるんだから一緒なんですね。

一番の問題は、贈与をした両親などが亡くなったときに相続税で精算する場合なんですけど、相続税の財産として計上する金額は「相続時精算課税制度」を使って贈与を受けたときの金額を計上するんです。

またここで、「いいじゃないか、贈与でその金額をもらったんだから」と思われた方もいらっしゃると思います。

分かり易いように、「相続時精算課税制度」を使って贈与してもらったものが例えば木造の2500万円の家だったとします。贈与してもらったときには2500万円の控除がありま すから申告すれば贈与税はかかりません。

その後、もらってから11年後に親が亡くなってしまいました。この時に相続税の財産として計上する金額は２５００万円です。どうですかみなさん、何か「ん？」ってなりませんか。

そうです、家は古くなっていきます。木造住宅の耐用年数は22年です。

もらったときに新品の住宅だったとしても、11年経過しますと家の価値は半分の１２５０万円になっていますが、相続税の財産に計上するのは２５００万円なんです。

もらわなかったら、相続税の財産に計上するのは１２５０万円でいいんです。

このように、家など将来価値が下がるようなものは絶対に「相続時精算課税制度」を使って贈与してもらってはいけないんです。


ひどい話があるんです。

私の事務所に相談に見えた方の話なんですけど、その方の営業先の会社の話で「先生、こんなことをしたらしいんですけど大丈夫ですか」と聞かれました。

話の内容は、税理士の指導で、会社の株式（時価総額5億円）を後継ぎの長男に「相続時精算課税制度」を使って贈与したというものです。

私は、「5億円！　その会社はどんな会社なの！」と聞きましたら、詳しく説明してもらいましたが、詳細は省くとしまして、昔は良く儲かって羽振りも良かったらしいんですが、今でいえばいわゆる斜陽産業でした。

先ほども言いましたが、将来価値が下がるようなものは家であれ何であれ絶対に「相続時精算課税制度」を使って贈与してもらってはいけないんです。

その方は、先祖からの資産家らしくて、会社の株式以外も約5億円くらいの資産を持っているとのことだったので、概算で将来相続が起きたときの相続税を試算しました（法定相続人は子供2人）ら、「相続時精算課税制度」を使って贈与したときの株式の価値が1億円下がって4億円になっていたら2500万円の損、価値が2億円下がって3億円になっていたら5000万円の損、半額の2億5千万円になってしまっていたら6250万円の損になってしまうんです。

極端なケースで、株式が無価値同然になっていたらもっと損害額は増えます。

何んと、このようなとんでもない「相続時精算課税制度」を使った税理士の指導報酬料金が500万円というのですから、さらに驚きました。報酬を払うというよりも損害賠償問題ですね。

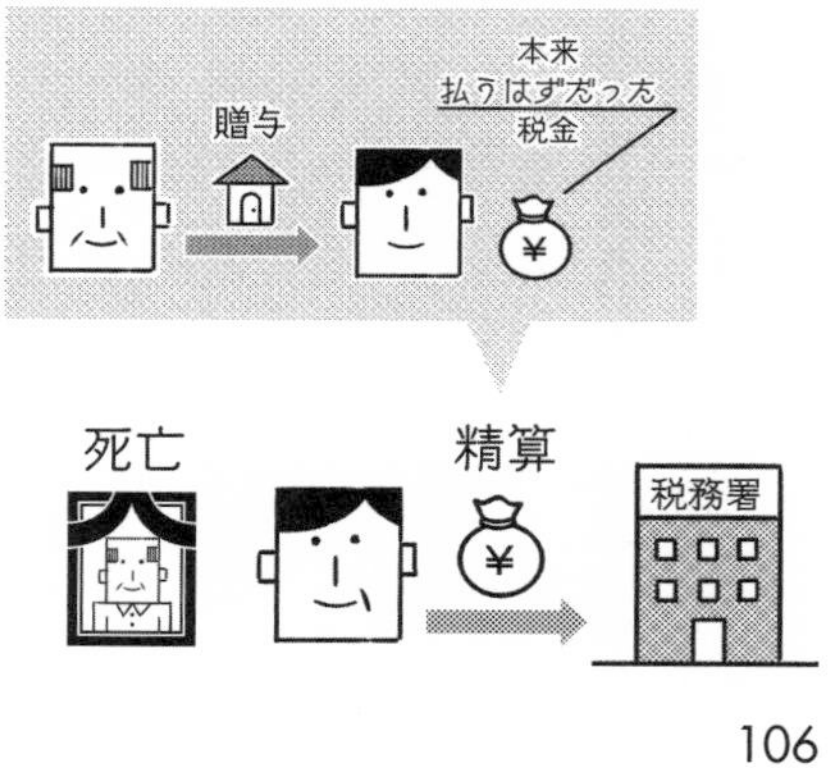

でも、この「相続時精算課税制度」というのはメリットもあります。

将来、相続争いが想定される場合、複数いる子供の誰か1人に財産をあげたいときは2500万円までは非課税で、2500万円以上であっても税率は固定ですから、たとえば4000万円を特例を使って贈与しても300万円（4000万円－2500万円＝1500万円×20％＝300万円）で済みますし、財産を特定の者に渡すことができます（遺留分侵害額請求の問題は別途生じます）。

子供が2人いる場合は、相続が発生しても基礎控除は4200万円ですから、亡くなった方の財産が基礎控除以下であれば「相続時精算課税制度」時に納めた300万円は相続税の申告をすることで還付されます。結局は無税で親の財産を相続することができるということになります。

「相続時精算課税制度」という特例は、将来に価値が下がるもの（例を挙げますと、家や斜陽産業の株式、駅から遠いところにある土地）の贈与に使っては絶対にダメだ！ということです。

また、「相続時精算課税制度」は、相続税がかからない方の相続争い対策に使うのは特効薬なのですが、相続税の節税に興味があるのは税の専門家か将来の相続税を気にしている方々ですから、相続について一番争いの多いのが基礎控除を超えない財産を持っている方という状況を踏まえれば、この特例について本当に知っていただきたい方は相続税に関心がありませんので本当に残念です。

とにかく、縷々《るる》申し上げましたが、税の専門家である税理士でも取扱いを誤ってお客さんに大損害を与える人がいますから、誰に相談するかを決めるときには税理士報酬額が安いだけの判断ではなくて、相続税専門の税理士を並べてから報酬額が一番安い税理士に依頼するようにしてください。

9 土地の評価ってどうするの？

不動産の相続税の評価方法について説明します。

相続税の申告において、不動産の評価が難しいですよね。

不動産と言いましても、土地と建物がありますが、建物の評価は「固定資産税評価額」そのままの金額ですから、5月頃に市役所から送って来る「固定資産税の通知書」を見れば分かります。

問題は、土地の評価ですね。土地の評価方法には、「路線価方式」と「倍率方式」があります。

「倍率方式」は、固定資産税評価額に国税庁が定めている倍率を掛けるだけですから比較的簡単です。

国税庁のＨＰから「路線価」を検索したら、都道府県地図が出てきますから、不動産所在地の都道府県をクリックします。すると、各市町村名が出てきますので、不動産所在地の市町村をクリックします。

地域や地目別に倍数が表示されていますので、固定資産税評価額に表示された地目に倍数を乗じたら相続税評価額です。

なお、相続物件が「雑種地」ですと、これは「宅地比準」といいましてかなり難解ですから今回は説明を省略します。

次に、路線価方式の不動産の評価ですね。

路線価方式の路線価は、比較的開けた地域に「道路毎に」１㎡の価格が１０００円当たりで表示されていますから、倍率方式と同じように国税庁のＨＰから検索して路線価図を出します。

土地も正方形や長方形のままですと比較的簡単に評価できるんですけど、土地は台形のもの・三角形のもの・道路に接していないもの・間口が狭く奥に長い（ウナギの寝床みたいな）ものがありますね。

ちなみに、京都に「ウナギの寝床」みたいな土地が多いのは、これも税金問題からあのように増えたんですね。

昔、間口課税というものがありまして、間口の広さで税額が決まっていたんですね。そりゃあ、どんな商売でもそうですけど、間口が広い方が商品を並べても見栄えが良いですから、商売も繁盛します。今もそうですけど昔の方も税金には勝てなかったんですね。

税金は少ない方がいいんで、だんだんと間口が狭い土地が増えていったんです。

話しは逸れましたが、路線価は「道路毎に」1㎡1000円当たりの価格で、また地区区分や借地権割合が記号などで表示されていますから、その金額を基に土地の評価を行うことになります。

路線価図に表示されている金額や記号などを簡単に説明しますと、①表示されている金額は1000円単位です。例えば89になっておれば1㎡8万9000円、100になっておれば1㎡10万円です。②金額の後ろのABCDのアルファベットは借地権割合です。土地を貸しているとか借りているとかの場合は、この借地権割合を使います。例えばCは借地権割合が70%、Dであれば借地権割合は60%です。

土地の全体を評価した結果が1000万円であったとしたら、貸している地主は、借地権60%は借りている方にありますから、結果400万円が地主の土地の価格になります。

③それと、○であるとか菱形であるとかの記号が金額を囲んでいるところがあります。○で

囲んであるところは、地区区分が「普通商業・併用住宅地区」になり、いわゆる商売に適している地区になります。

また、金額表示のままで囲みがないのは、「普通住宅地区」で、住宅に適している地区になります。概要、路線価図の見方はこのようなものです。

それでは、いよいよ土地の評価の仕方です。

まずは、土地の形状が四角地である単純な宅地で説明します。

設定として、路線価は10万円で地区区分を普通住宅地区とします。そして面積が２００㎡、間口が８ｍで奥行きが25ｍとして説明しますね。

この土地を評価する場合は、まず「土地及び土地の上に存する権利の評価についての調整率表」を使います。この「調整率表」は国税庁のＨＰから入手できます。

①　奥行き価格補正率表を見ます

横列に「地区区分」が載っています。縦列に奥行き距離（ｍ）が載っています。評価物件は、普通住宅地区で奥行き距離は25ｍですから、横と縦で結んだところの数値を確認しますと、０・97になっています。

路線価が10万円ですから０・97を乗じますと９万７０００円になります。

② 次に②間口狭小補正率表を見ます

①と同じく横列に「地区区分」が載っています。縦列に間口距離（m）が載っています。評価物件は、普通住宅地区で間口が8mですから、横と縦で結んだところの数値を確認しますと、0・97になっています。

①で出した金額が9万7000円ですから、これに0・97を乗じますと9万4090円になります。

この9万4090円がこの土地の1㎡あたりの金額になりますから、これに面積200㎡を掛けます。

9万4090円×200㎡＝1881万8000円、結果この土地の評価額は1881万8000円ということになります。

これは、土地が1つの道路に面していることで計算しましたが、土地が二面に面している、少ないでしょうが三面に面している場合は、土地の利用価値が上がりますから、同じ面積であっても評価額は上がります。

あと、土地は台形地とか三角地とか裏面が斜面になっているとか、色々ありますが、これは説明に長時間を要しますので今回は割愛します。

第4章

相続税調査のこぼれ話

1

親は相続税の節税はしたがらない

親が相続税の節税を積極的にしたがらない2つの理由について説明します。

ご両親の方から、自分の将来の相続税の節税の相談に来られることは本当に稀なんです。事前の対策をとれば将来の相続税は確実に減りますので本当に残念です。

私の事務所には、親が亡くなった時や親が認知症になった時に来られて、「先生何とかなりませんか」と言われる方が非常に多いのですが、亡くなられたり、認知症になられたりしてからでは、どうにもなりません。

事前の相続税対策は、将来の相続税を払うことになる相続人である子供が、親の財産について存命中に言わなくてはならないということが、ちょっとネックになりますね。いくら親子でも言い出しづらいものです。

子供から相続の話をすると、親から「お前は俺が死ぬことを待っているのか」とか、「そんなに俺の財産を期待しているのか！」とか言われ、色眼鏡で見られる可能性があります。

以前は、いま以上に相続話はタブーだったんですが、この頃は「終活」が流行っていますから、以前よりも話し易くなったと思いますので、就活が載っている週刊誌を肴に切り出すのもいいかと思います。

節税策を施せば、将来の相続税が確実に減るのに、みなさんどうしてそれをされないんだろうと考えると、おそらく、相続税の節税には大きな障害が2つあるからだと思います。

1つ目は、所得税や法人税ですと節税策を実施すると、翌年か再来年には節税効果が出て「ああ節税して良かった、これだけ得をした」って実感を得られますよね。

しかし、残念ながら相続税の節税策の効果は、相続が発生してから初めて出るんですよ。

親としましたら、いま何もしなければ「税金も、指導を受ける税理士の報酬も支払う必要がない」ので、実行するには相当の踏ん切りが必要です。しかも節税の効果が出たときは、親はあちらの世界に逝ってらっしゃいますので、お金の負担をするだけで「相続対策をして得をした」という節税の実感が得られないんです。ここが壁になって相続税の節税はされないんだと思います。

2つ目は、現金・預金だったらいいんですけど、不動産を贈与して節税を図れば贈与税のほかに、司法書士への手数料や登録免許税が固定資産税評価額の2％（相続登記は0・4％）、不動産取得税が固定資産税評価額の3％（相続登記は非課税）と登録免許税及び不動産取得税で5％（相続登記は0・4％）かかるんですね。

何もしなければ贈与税などを払うことがないのに、「贈与という行為をしたがために」いま払わなくてもよいお金を払うことに「もったいない」という気持ちが働くことが大きな壁だと思われます。

余談ですが、なかには相続税対策として、ご自分で勉強したり、税理士さんから聞きかじりで子供や孫に預金の贈与をしている方もたくさんいらっしゃいます。贈与の仕方によっては、相続が発生したときに「名義預金」として、税務署から亡くなった方の財産として相続税の課税財産に加えられることも多々ありますから、「名義預金」には十分に注意しておいてください。

2 相続税は土地や預金を自分の名義にしたときにかかるのか

親が亡くなったときに土地や預金を自分の名義にしなくても「相続税」はかかります。

私が税務署に勤務しているときの相談にはなかったことですが、税理士になって相談を受けて驚いたことがあります。

それは、「相続税は不動産の相続登記や預金を自分の名義にしたらかかる」と思っている人がいかに多いかということです。

以前、あるお客さんから、「数年前に亡くなった父の土地が、父の名義のまま変更していないのですが、このままにしていたら段々とややこしくなるんですよね。どうすればいいでしょうか」という相談がありました。

その相談に対して私は、「なぜ、登記しないままになっているんですか?」と聞きましたら、「相続登記をすると相続税がかかりますから登記はしていません」というものでした。

この話を私の友人の税理士に、「相続税は不動産の相続登記をしたらかかると思ってる人がいて驚いた」と話しましたら、「いや〜、大半の人は、相続登記をしたら相続税がかかると思ってるぞ」という答えが返ってきたので二度驚きました。

相続税は馴染みが薄く知名度が低いという認識はありましたが、そこまで認識が低いとは思ってもいませんでした。

また別件で相続の相談を受けたときの話なんですが、私がお客さんに対して「お父さんの土地や預金を誰の名義にするか確定させるための遺産分割協議書を作成しましょう」と提案したら、「そんなことをしたら、相続税がかかるんじゃないんですか？」と言われました。

そのようなことを誰から聞かれたのか、どのようにして思い込まれたのかは聞きませんでしたが、そうではないことを理解していただくのには大変苦労しました。

このように、①不動産の相続登記をすると相続税がかかる、②遺産分割協議書を作成すると相続税がかかる、と思っている人の多いこと。

不動産の相続登記をすれば相続税がかかるというものであれば、誰一人として相続登記などする人はいないでしょう。

また、「遺産分割協議書の作成をすれば相続税がかかる」というものであれば、誰一人として遺産分割協議書を作成する人などいないでしょう。

そうではなく、「相続税がかかるか・かからないかのポイント」は相続税の基礎控除を超す財産があるか否かなんです。

相続税の基礎控除額とは「3000万円＋600万円×法定相続人の数」ですから、相続人1人ですと3600万円、2人ですと4200万円です。

これが相続税がかかる・かからないかのラインなんですね。

相続税がかかるポイントは、相続財産が基礎控除額を上回るかどうかであって、相続登記をする・しないや預金を分ける・分けないは「全く関係ない」ん

です。

そう言えば、税務署勤務時代の相談で、「今回、土地を売ることになりましたが、その土地は亡くなった父親名義のままになっています」「私の名義にしなければ売れないとのことらしいのですが、父名義から私名義に相続登記したら相続税はいくらかかるのでしょうか」という相談を数回受けたことがあります。

友人の税理士が言ったように、大半の人は「相続登記をしたり、預金を自分の名義にしたら相続税がかかる」と思っているということはホントみたいですね。

3　相続税はどういう時にかかるのか、ちゃんと確認しましょう

私の事務所に相談に来られる方でも、

①　生命保険が１２００万円下りてきたんですけど、相続税はいくらかかりますかとか、

②　10年前に亡くなった父の家の登記をしたんですけど、相続税の申告はどうしたらいいんですかとか、

③　父が亡くなって、ざっと計算したら２５００万円ほどの財産があるんですけど申告はどう

すればいいんですかとか、

④　親から100万円の贈与を受けたんですけど、来年の所得税の確定申告で税金をいくら取られるのですかとか、

⑤　母の相続財産から兄が1000万円私の口座に振り込んでくれたんですけど、来年の所得税の確定申告はどうすればいいんですかとか、

いろいろ質問されますが、みなさん相続税についてはあまりご存じないんですよね。

そこで、今回は相続税の基礎知識をお話します。

相続税は、3000万円＋600万円×法定相続人の数という基礎控除がありまして、ある方が亡くなって、亡くなったときの財産がこの基礎控除を超すか・超さないのかがポイントで、超せば亡くなられた日から10か月以内に亡くなった方の住所地の税務署に相続税の申告書を出さなければいけません。

ただし、亡くなった方の財産が基礎控除額を超えるからといって全てに相続税がかかるということはありません。

相続税には特例があって、その特例を使えば相続税はかからないケースがあります。

その特例と言いますのは、「配偶者の税額軽減」とか「小規模宅地等の特例」「未成年者控除」「障害者控除」などがあります。

しかし、これらの特例を使った結果で相続税がかからない場合であっても、10か月以内に税務署に相続税の申告書を提出する必要があります。

相続税の申告書の提出が要らないのは、財産額が基礎控除以下の場合だけです。

みなさんから聞かれた質問の回答ですが、

①の生命保険が「１２００万円下りてきたんですけど、相続税はいくらかかりますか」については、亡くなった方が契約者で死亡保険金でしたら、財産がこれだけでしたら相続税はかかりません。

②の「10年前に亡くなった父の家の登記をしたんですけど、相続税の申告はどうしたらいいんですか」については、相続税というのは、相続登記をしたからかかる税金ではありません。相続税がかかるのであれば、お父さんが亡くなられたときにかかっているものです。この場合は、相続登記が遅れていたということで、相続税はかかりません。

③の「父が亡くなって、ざっと計算したら２５００万円ほどの財産があるんですけど、申告

財産がいくら あったら 申告が必要？
贈与を受けたら 所得税は どうなる？
相続財産の 配分に 税金はかかる？

はどうすればいいんですか」については、基礎控除は、相続人が1人でも3600万円ありますから、相続税の申告は必要ありません。相続人が複数なら仲良く遺産を分割するだけです。

④の「親から100万円の贈与を受けたんですけど、来年の所得税の確定申告で税金をいくら取られるのですか」については、次の⑤の「母の相続財産から兄が1000万円私の口座に振り込んでくれたんですけど、来年の所得税の確定申告はどうすればいいんですか」と同じ答えなんですけど、親から贈与を受けたとか、親の相続財産の配分を受けたとかの場合は、どこかに仕事に行ってもらったお金（税務上このお金を所得といいます）ではありませんので、所得税の申告は全く必要ございません。所得税は所得にかかる税金です。

例えば極端な例ですが、贈与や相続で1億円もらったとしても所得税の確定申告をする必要はありません。相続税や贈与税の申告はしましょう。

ただし、相続財産でもらったのが貸駐車場であるとか、貸しアパートなんかですと、相続した後は賃料があなたに入るわけですから、不動産所得として所得税の確定申告が必要です。

4　大きく変わった相続事情―空き家・未登記の土地

次は、最近大きな問題になっている、空き家問題（土地・家の相続登記問題）について説明します。

空き家問題は、ますます深刻化してきました。

私の事務所に来られたお客さんは、姫路から北に位置する地方の方だったんですけど、実家の家・土地はいらない「相続放棄したいけど、どうすればいいか」という相談だったんです。

そのお客さんが言われるには、次のとおりでした。

① 実家（田舎）には帰る意思はない
② 遠距離なので実家を管理することができない
③ 草刈りとかの管理費用がかかる
④ 固定資産税がかかる
⑤ 売ろうとしても売れない

⑥　近所の方に贈与したいと言っても、もらってくれる方がいない
⑦　市に寄付しようとしたら市もいらないと言う

とのことで、「相続しても、何一ついいことがないのでいらない」と言われるんです。

「秋山先生いりませんか」と私に振られて、「どんなとこかなあ」とグーグルマップで見たら、これが田んぼもキチンと整備されていて近くにたくさん民家もあるいいところなんです。家と敷地・田んぼがあって、なんと固定資産税評価額を合計すると７００万円もする土地と家なんです。

私も、ちょっと「もらおうかな」と食指が動きましたが、よくよく考えると「やっぱり管理ができない」と思い至りまして、結果、お断りしました。

一昔前なら相続で取り合いをしていたのが、今や「いらない」ですから、時代は変わったものですね。

私の顧問先の社長が「太陽光発電」をされていますので、お誘いしたのですが、太陽光発電施設って民家などない方がいいらしいんです。

日射の関係ですとか、騒音の関係でトラブルになったりするから、民家はない方がいいとのことで、社長にも断られました。

その物件がもっとド田舎でしたら、「田舎に住みたい」という方が、ひょっとしたらお金を

出してでも欲しいということもあるかも知れませんが、中途半端に田舎なんです。

民家も周りにありますから、昔ながらの田舎のしきたりなんかもあるでしょうし、簡単に「住んでみようか」とはなりませんよね。

その方の相談は、ご病気のお父さんがいらしゃって（お母さんは既に他界されている）、「もしも父が亡くなったら、実家の土地・家はいらない、今から何か手当てできることはないですか？」という相談だったんです。

財産内容を詳しく聞いてみると、お父さんは預貯金３０００万円を持っていらっしゃるとのことです。

相続放棄は、預貯金などの欲しいものだけを相続して、要らない土地・家は相続放棄するということはできませんからどのようにしたものかと困りました。

国も空き家問題には困っていて、どうにか空き家問題を解消しようと、相続した実家を売却する場合の譲渡所得税の特別控除３０００万円が創設されましたが、この特例そのものが「絵に描いた餅」なんですよね。

そもそも、この特例は売却した場合の譲渡所得税の恩恵ですが、問題になっている大半の土地は売りたくとも売れない土地なんですから、そんな特例があったところで全く関係ありません。

売れるような土地なら大半の人が、相続して売ってお金にしますから、空き家にはなりません。

みなさん、売りたくても売れないから、そのままの空き家になっているんですね。

空き家問題もさることながら、相続登記をしない土地というのも全国には九州くらいの面積の相続未登記物件があるらしいです。

そりゃあ分かるような気がしますね。相続登記するのにも司法書士への費用がかかりますし、相続したら草刈りなどの管理や手間がかかりますから、少なくとも相続登記費用くらいは登記せずに浮かしたいですよね。

ましてや、家をそのままにしていたら危ないからと、取り壊しなどしようものなら莫大な費用がかかりますから、①何の利用価値もない、②売れない、③お荷物の土地・家なんかはそのまま放っておきますよね。

今、相続登記の義務化などが論議されています。

登録免許税を無税にするとか、登記費用を無償化するとか候補に上がっていますが、無償化になっても、自分の名義にしたくない。自分の名義にすれば将来自分の子供たちが同じ苦労を背負うことになるから、やはり登記したくないという相続人の気持ちを考慮してもっともっと抜本的な対策を講じないと、ますます空き家問題・相続未登記問題は広がっていくと思います。

先のお客さんの相談ですが、苦肉の策としまして、まず預貯金だけを相続時精算課税を使って、兄弟二人に１５００万円ずつ贈与してもらいました。そして、お父さんに相続が発生したら土地・建物を相続放棄してもらうことにしました。

私もご先祖様が大切に維持されてきた土地を、このような形で放り出すようなことはしたくないんですけど、お客さんの立場を考えるとこうせざるを得ませんでした。

これでも万全ではないんですよね。相続放棄しても、その物件が処分されるまでの管理費用とかは相続人が支払うことになるんです。

少子化も進んでいきますから、本当にこれからも、どうしようもない土地がどんどん増えていきます。

この問題は、国の重要課題ですから、テレビなどでちょくちょく出てきますので、みなさんも他人ごとではないので興味を持ってくだされればと思います。

みなさん方が興味を持ってくだされば、国ももっと本腰を入れると思います。

第5章

贈与税調査の着眼力

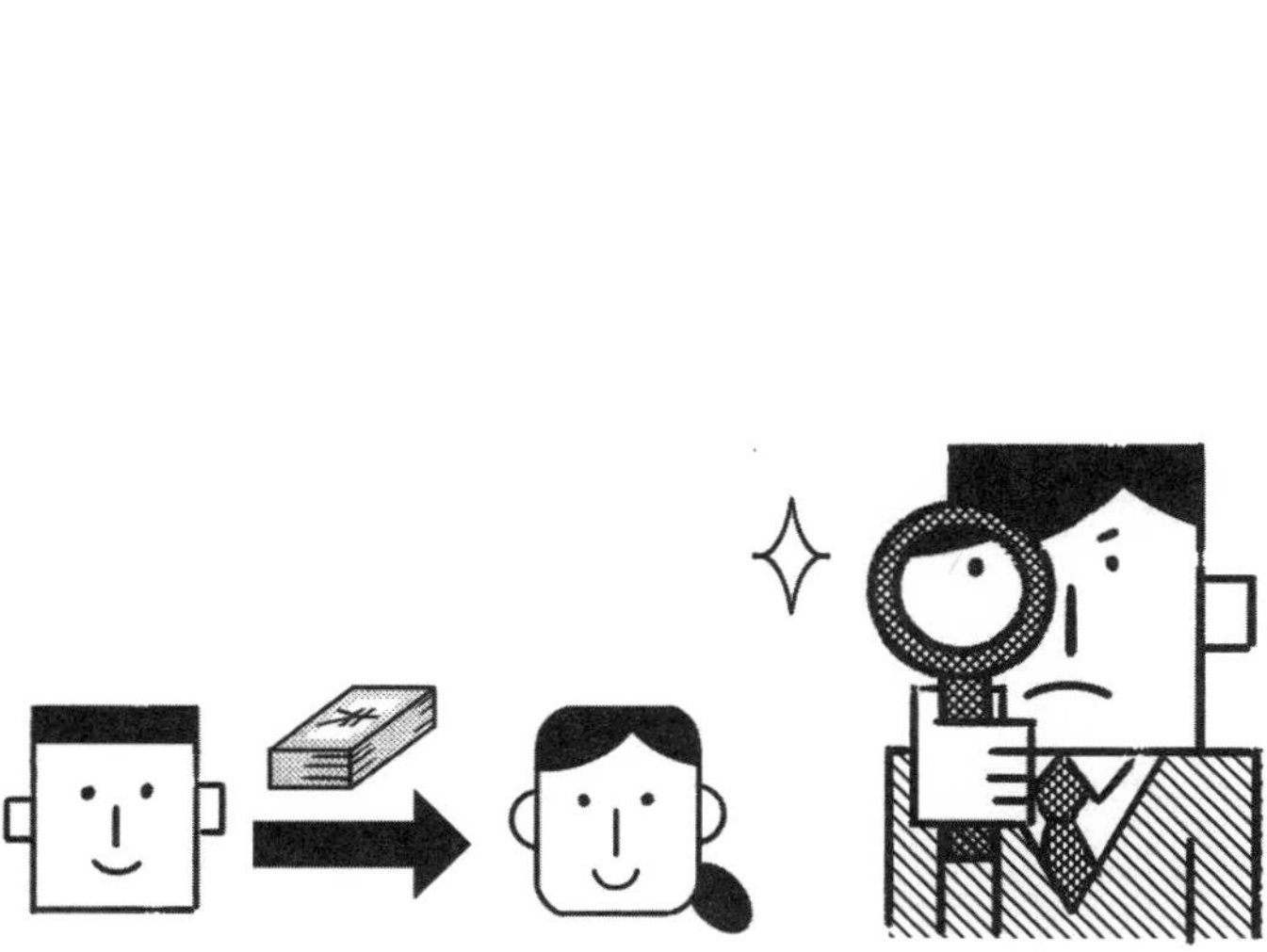

1

車はお爺ちゃん名義で買ってプレゼント

先日、相続税の節税相談のなかで、お客さんから「車が欲しいんですけど、お爺ちゃんのお金を使って買ったらいけないんですよね」っていう相談を受けました。

「高級車？　いくらくらいの車ですか？」と聞きますと、国産らしいんですが６００万円くらいするそうです。

もちろん、お爺ちゃんが了承してくれたら「お爺ちゃんのお金を使って買ったらいけない」ことはないんですけど、贈与税の対象になりますね。

贈与税の税率には「一般贈与の税率」と「特例贈与の税率」があって、直系尊属からもらう贈与は若干税率が低いですね。

今回の贈与は、お爺ちゃんつまり直系尊属からもらう贈与になりますから「特例贈与の税率」を当てはめますと、６００万円－１１０万円＝［４９０万円×20％（税率）－30万円（控除額）＝68万円］になり、翌年の確定申告の時期に贈与税の申告をして68万円を納めることになります。

ちなみに、所得税の確定申告の期間は2月16日から3月15日の間ですけど、贈与税の申告期間は2月1日から3月15日の間なんです。

68万円の贈与税は結構高いですね。車を買ってもらった人が68万円を自分で払ったらいいんですが、「68万円なんてお金はないよ」ということで、これもお爺ちゃんに出してもらったらまた68万円の贈与を受けたことになります。

このような場合どうしたらいいかなんですけど、答えは簡単です。高級車をお爺ちゃん名義で買えばいいんです。

お爺ちゃん名義の車を相談者が乗り回せばいいんです。

税務署は、「お爺ちゃん名義の６００万円の高級車を孫が乗り回している」としても贈与税はかけません。買ってもらったものではなくて、単に使わせてもらっているだけですから贈与税はかかりません。

どうしても自分の名義にしたいのなら、普通乗用車は耐用年数6年ですから毎年１００万円ずつ価値が落ちます。5年経過すれば車の価値は１００万円ですから、その時点で自分の名義にすればいいですね。

600万円の高級車を買ってくれそうなお爺ちゃん。財産をいっぱい持っているでしょうね。そのお爺ちゃんに相続が発生したら、相続税がかかります。

孫に車を買ってやれば、将来の相続税の節税対策にもなります（車を孫の名義にしたらダメですよ！）し、そして経済の活性化にもつながり一石二鳥です。

さらにもう一つ、子供が家を建てる場合の特例に住宅取得資金の贈与という特例があります。この特例を簡単に説明しますと、平成27年1月1日から令和3年12月31日までの間に、父母や祖父母など直系尊属からの贈与により、20歳以上の子供や孫が自己の居住の用に供する住宅用の家屋の新築または取得の対価に充てるための金銭をもらった場合において、一定の要件を満たすときは、最高1500万円（省エネ等住宅）までの金額について、贈与税が非課税となりますという特例です（贈与税はかかりませんが、贈与税の申告は必ずしてください）。

先ほど説明した車を家にたとえれば、別に祖父母や両親から住宅取得資金をもらって家を建てる必要なんかないわけですよね。

お金を出してくれるお爺ちゃん名義で家を建てて、あなたが住めばいいんです。

家の表札にあなたの名前を書いたとしても、家はお爺ちゃんの名義なんですから贈与税の対象にはなりません。

なぜなら、あなたはお爺ちゃんの家を使わせてもらっているだけだからです。

家は減価償却資産ですから、だんだんと価値は落ちていきます。将来、お爺ちゃんが亡くなったときの財産は目減りしています。

３０００万円を出してもらった家だったとして、将来お爺ちゃんが亡くなったときには１２００万円の価値しかなかったら１８００万円が節税対象になったということになります。

３０００万円を預金として残しておけば、相続税の課税対象財産は３０００万円ですが、孫の住む家を建てれば将来の相続税課税対象額は１２００万円になるというわけです。

ですから、わざわざ住宅取得資金の贈与で１５００万円をもらう必要はなく、将来のお爺ちゃんの相続税の節税と孫の希望を同時にかなえようと思えば、お爺ちゃんの名義で家を建てて孫がその家に住めばいいんです（贈与税の申告も必要ありません）。

2　区分登記で贈与税を回避せよ

今回は、配偶者名義の家の改装や年をとった親名義の家のバリアフリーをする場合の贈与税の回避策について説明します。

まずは、配偶者名義の家の改装についてです。

さて、先日相談が舞い込みまして、相談者は女性でAさんとします。相談の内容を簡単に説明しますと、Aさんが親から相続した空き家と土地があるんですけど、先日、家の風通しに行くと雨漏りがしてフロアに水溜りができていたそうです。

夫が定年になった後は、環境もいいしここに住もうと思っていましたが、雨漏りをどうにかしないと住めないと思って業者に見てもらうと、かなり古くなっているので改装した方がいいだろうと。夫とも相談したら「後、20~30年は住みたいから改装やむなし」という話になって、業者に改装費用を見積もってもらったら1000万円とのことでした。

相談の内容は、「私には1000万円というお金はありません。改装資金の1000万円を夫が出すと税金はどうなりますか」ということでした。

みなさんはこの場合、税金はどうなると思われますか。

夫婦なんだし、改装したら一緒に住むんだから贈与税はかからないと思うと言う方、いやいや、いくら夫婦とはいえ妻名義の家にお金をかけるんだから贈与税がかかるだろうと言う方がいらっしゃると思います。

はい、妻名義の家の改装費用1000万円を夫が出すとバッチリと贈与税の課税対象です。

1000万円の贈与に対する贈与税は、贈与税の税率には一般贈与に対する税率と特例贈与に対する税率があって、特例贈与とは両親や祖父母が子供や孫に対して贈与をした場合で税率が若干低いんですね。

しかし、夫婦が一方の配偶者に贈与するというのは特例贈与にはなりませんから、贈与税は一般贈与の税率を使って「１０００万円－１１０万円＝８９０万円×40％－１２５万円」で計算して２３１万円にもなります。

この相談者のＡさんの場合、２３１万円も贈与税を支払う必要があるんです。

相談者の女性は２３１万円もの預金は持っていません。

仮に持っていたとしても２３１万円なんて支払う気にもなりません。

どうですか、こうなると改装もできませんよね。日本国中空き家問題が生じていますが、ますます空き家が増えそうです。

どうにか贈与税を支払わないで家を改装したいものですね。

このような場合は、贈与税がかからないように、このようにしましょう。
例えば、改装をする前のＡさん名義の家の固定資産税評価額が２００万円だったとしましょう。

この家にAさんの夫が改装資金1000万円を出すわけですから、改装後の家の価値は1200万円になります。そして改装後の家の登記を妻12分の2（6分の1）、夫12分の10（6分の5）にしたらどうでしょうか。

贈与というのは、一方が無償で得をするからかかる税金です。

妻は1200万円の価値の家の所有割合が6分の1ですから、改装前と何も変わっていませんね。夫も1000万円を出して、1200万円の価値の家の所有割合が6分の5ですから1000万円の価値の家として自分に残りましたので、夫婦ともにどちらかが得をしたということにはなりませんから贈与税はかかりません。

逆のことも考えたらいいですね。

改装前の女性名義の家を夫がもらうんです。つまり改装前のAさん名義の家の贈与を受けるんです。そのように妻名義の家を夫の名義にして、夫が1000万円の資金を出して改装するんですね。

出来上がった家の名義は夫のもので、贈与税は9万円で済みます。

妻から贈与を受けたのは200万円ですから、200万円－110万円＝90万円で、これに最低税率の10％ですから9万円となります。

このようにAさんに説明させていただきましたら、とても悩んでいらっしゃったようですが、

「色々と方法があるんですね」と感謝されました。

次に、親の家のバリアフリー化の問題です。

先日私の妻が、「友達が親の足腰が大分弱ってきたので親の家をバリアフリーしたいらしい、この場合税金の心配はいらないの？」と聞いてきました。

親孝行な子供ですよね。今時珍しい話です。

子供が親にお金の無心というのはよく聞く話ですが、子供が親の家をバリアフリー化してあげるなんてなんと素晴らしい子供でしょう。

「そんな素晴らしい子供の行為に、税務署が税金をかけるわけないやん！」と言いたいところですが、親にキッチリと贈与税がかかってしまうんですね。

美談と税金は関係ないんです。寂しいですね。

これも先ほどの改装と同じです。登記を親と子供の名義にすれば贈与税はかかりません。

そして、将来相続が発生すればお金を出した子供がその家を相続すればいいということになります。

この時に、子供に他の兄弟がいる場合は、自分がお金を出すということは念のため事前にハッキリさせておきましょう。

そうしておかないと、親に相続が発生したときに「親の家だから自分にも相続の権利がある」などと言われかねませんからね。

3 逆贈与って？

今回は、税務署に逆贈与（子供から親への贈与）とみなされてしまうポイントについて説明します。

私が不服審判所に勤務していたときの話ですが、この逆贈与の案件が「審査請求事案」として出てきました。

事案の概要を説明すると、6年程前に親の事業所の大改装をするときに改装資金が親の資金だけでは足りなかったために子供から資金を借りたんですね。

子供が事業を始めるのに親から資金を借りて開業するというのはよくあることですが、この事案の場合は親が子供から資金を借りたというものでした。

親子間の資金の貸し借りがあった場合に税務署は返済の状況を調査します。

金銭消費貸借契約通りに返済が行われているか、いないか、キチンと返済が行われていない場合は親子間でありがちな「あるとき払いの催促なし」というのがありますので、実際は借りたものではなくもらったものとして贈与税を課税します。

親が子供に資金を出しているというのはありがちですけど、今回の事案は子供が親に改装資金を出していたんです。

資金を借りた後ですけど親は子供に返済を1回もしていませんでした。また、金銭消費貸借契約書も作成していませんでした。

その親が亡くなったんですね。子供は親の相続税申告で親に貸した資金を「貸付金」として計上しました。

子供から見たら「貸付金」で、親から見たら「借入金」ですね。

債務や葬式費用は相続財産から引くことができますから、相続税を少しでも減らしたい子供は資金を出したときの証明を付けて相続税の申告に親の債務として計上しました。

その結果ですけど、税務署は金銭消費貸借契約書もない、返済も1回もしていないので、親が改装したときに子供から贈与があったとして親には債務はないと債務を否認したんです。

分かりづらいですか。ここが分からないと後の話が分かりませんから、もう少し説明すると、税務署は親は改装資金として子供から贈与を受けたのだから亡くなった時点では親には借入金はないとしたわけです。結果、相続財産から「借入金」として引くものはないと処理したわけですね。

そこで、納得のいかない相続人である子供が不服審判所に「審査請求」を出しました。

私は不服審判所に勤務していたんですが、私がこの事案を最初に見たときの第一声は「逆贈与かよっ！」でした。

なぜこのような言葉を発するかと言いますと、そもそも論として「贈与税は相続税の補完税」なんです。

「贈与税は相続税の補完税」何のこと？ 大学の授業じゃないんだからあんまり難しいことを言うなよっ！ でしょうけど、ここが味噌ですから聞いてください。

相続税がかかるようなケースでは、贈与税がなければ生前にどんどん子供や孫に財産を贈与して、相続する財産を減らせば相続税は払わなくて済みますよね。だから贈与税があるんです。

ですから税務署は相続税を減らすような行為にはうるさいですが、将来の相続税が増えるような行為には寛大なのです。

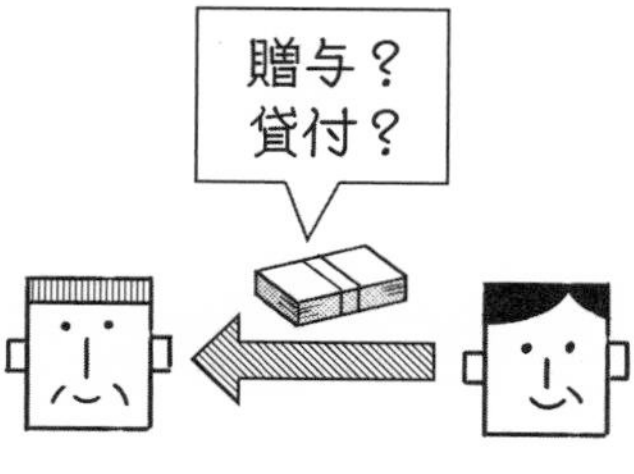

親から子供に贈与して将来の相続税を減らす行為はみなさんやっていますが、そもそも子供から親に贈与しますか？　ってことなのです。

中には生活が苦しい親の面倒を見ている方もいらっしゃいますが、そういう方には相続税は関係ないのです。

話は審査請求事案に戻りますが、結論は審査請求人の主張が認められて、親に対する貸付金は親の債務として認められました。

基本的に、子供から親への「逆贈与」というのはまず考えられないことなのです。かと言って、何でもかんでも考えられないことではありません。

例えば、楽天の創業者などが親に金銭などを渡せば、親は贈与税の課税対象になります。

4　住宅取得資金の贈与は申告して初めて、非課税になる

次は、「住宅借入金特別控除」の申告をされる際に、住宅取得資金の贈与を受けている方が、贈与税の申告を忘れると大変なことになるという説明をします。

先日、事務所に「住宅借入金特別控除」の確定申告をしたいんですけど、ややこしくて分か

らないから教えてくださいと相談を受けました。

「住宅借入金特別控除」は、取扱いが毎年毎年コロコロと変わって本当に分かりづらい制度ですね。

いつもは申告していない方々に申告書を作れとは酷な話です。

まぁ、そのために税理士がいますので税理士に頼めばいいじゃないかとも言えますが、普段付き合いのない税理士を探すことにもなり、税理士事務所にいくら取られるかも知れませんから、なかなか税理士に依頼するってのも気後れします。

話を戻しますが、「住宅借入金特別控除」の申告書を作成していると、この方は住宅取得資金の贈与を1000万円受けていることが判明しました。

すぐにご本人に電話をして「住宅取得資金の贈与を受けていらっしゃいますが、贈与税の申告はどうされるんですか?」と聞きましたら、「業者の人から税金はかからないから申告は必要ないと言われました」と言われるんですね。

これは、私が税務調査官時代によく聞いた答弁です。

「業者の人から申告は必要ないと言われました」とか、「生命保険会社の人

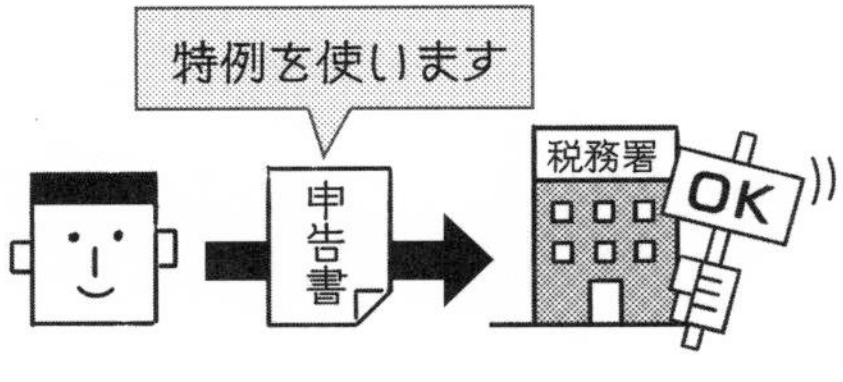

から税金はかからないと言われました」という答弁です。

「私は税金のプロですけど。素人さんとプロとどちらの答えを信用されますか」と言うと、たいていの方が下を向かれます。

みなさん、何ごとにおいても簡単で自分に有利な方を信用されがちなんですね。

「住宅取得資金の贈与の特例」は、申告して初めて非課税になるんですね。


申告して初めて適用できる特例って結構あります。

例えば、住宅取得資金の贈与、贈与税の配偶者控除、相続税の配偶者の税額軽減、小規模宅地の特例、農地の納税猶予、同族株式の納税猶予、居住用資産を売却した時の３０００万円控除、など色々あります。

そして、特例の中には申告期限までに申告をしないと適用できないものもあって、申告を忘れてしまうと、とんでもない税金がかかってくるんです。

特例の中には「宥恕規定」が設けられていて、期限後に申告すれば特例を認めてくれるものもあります。

「宥恕規定」とはなんぞや、と思われた方もいらっしゃると思いますので、簡単に説明しておきます。

租税特別措置法第35条「居住用資産を売却した時の３０００万円控除の特例」の第12項にこのような規定があります。

「税務署長は、確定申告書の提出がなかつた場合又は前項の記載若しくは添付がない確定申告書の提出があつた場合においても、その提出又は記載若しくは添付がなかつたことについてやむを得ない事情があると認めるときは、当該記載をした書類及び同項の財務省令で定める書類の提出があつた場合に限り、第一項の規定を適用することができる」

これが宥恕規定ですね。

税務署も鬼ではありませんから、申告を忘れてしまわれた場合、この宥恕規定があれば、期限後申告でも認めてくれますが、この宥恕規定がないと税務署もどうしようもないんです。

税金をいただくしかないんですね。

特に、自分の住まいを手に入れるって一生一代の大仕事なのは、税務調査官も分かっていますから、せっかくマイホームを手に入れて、頑張るぞ！ って思っている方から税金は取りたくないんですが、宥恕規定がないから取らざるを得ないんです。

また、住宅の取得にギリギリのお金とローンを組んでいますから、思ってもいなかった税金を払う余裕なんかないですよね。

取られる方が一番困りますけど、取る方も気の毒過ぎて正直嫌なんです。例えば、１２００万円の住宅取得資金の贈与を受けていると、
１２００万円－１１０万円＝１０９０万円、
１０９０万円×40％（税率）－１９０万円（控除額）＝２４６万円
も税金を納めることになるんです。
ただ申告しておけば税金はかからなかったものが、申告を忘れた（しないでよいと思っていた）だけで、２４６万円も納めることになるんです。ここに、無申告加算税と延滞税もかかります。
申告はいらないと言った業者が責任を取ってくれますか？　言った覚えはないと逃げるでしょう。２４６万円も誰も負担してくれません。泣く泣く自分が負担することになります。
使う特例によっては申告をしないと大変なことになりますから、業者などの担当者から「申告はしなくてもいい」と言われたとしても専門家ではない人の言葉はまずは疑ってみてくださいね。
今回、私の事務所に来られた方は、たまたま申告書の書き方が難しかったから相談に来られましたが、簡単だったら自分で住宅ローン控除の申告書だけを作って税務署に提出されている

ところでしたから、住宅取得資金の贈与の申告が漏れて、大変な贈与税がかかるところでした。

本当に何がいいか分かりませんね。

5 もらえるものは贈与税を支払ってでももらっておく？

親などから土地などの不動産をもらって贈与で登記すれば、登録免許税が固定資産評価額の2％、不動産取得税が固定資産税評価額の3％、合計5％かかります。

なお、親が死亡して相続で財産を取得する場合の登録免許税は固定資産評価額の0・4％、不動産取得税はかかりません。

固定資産税評価額が1000万円であれば贈与は50万円、相続であれば4万円なのです。

また、相続税は基礎控除が大きく3000万円＋600万円×法定相続人の数ですから法定相続人が1人であっても3600万円の控除があるのに対し、贈与税は1年間に受ける金額から110万円の控除しかありませんから直ぐにでも納税につながるのです。

このこともあって、これまでは「贈与で財産を取得するのは不利ですよ、できたら相続で財産を取得した方が有利ですよ」と相談者に説明してきましたが、先日からの相談の教訓から、今後は「親の生前にもらえる（贈与を受けられる）のであれば贈与税を支払ってでももらっておきなさい」と説明を変えたいと思っています。

と言いますのは、先日から立て続けに2件悲惨な相談を受けました。

どのような内容かと申しますと、父親（母親は既に死亡）と一緒に住んでいた親の家が古くなり、古くなった家を取り壊し、子供（長男）がお金を出して新築したというものです。

新築した際に、父親が「この際に土地もお前（長男）の名義にしたらどうか」と言ったらしいのですが、父親の財産はこの土地（相続税評価額約1200万円）しかなく、将来相続が発生したら相続税も関係がなく、いずれ自分が相続すればいいのだから、今贈与税を支払うのはもったいないということで父親からの贈与は受けなかったのです。

そうこうする内に、父親ではなく長男が突然亡くなってしまったのです。

悲しみの葬式も無事に終わり、初七日の法要の日に長男の姉が少し認知症気味の父親を「あなたたちには任せておけない」と長男の嫁に言って連れ出しました。

ここまではどこでもありがちな話ですよね。認知症気味の自分の親を義妹には任せられないから自分（長男の姉）が面倒を見るという、ある面美談にも受け取れます。

長男と長男の嫁が父親をないがしろにしていたのか？　そうではありません。長男と結婚以来25年間父親とは仲良く暮らしていました。

孫たちもお爺ちゃんを慕っており、長男の姉がお爺ちゃんを連れて行くときは「仲良く暮らしているのになぜ連れて行くのか」とすごく反対したそうです。

長男の姉がお爺ちゃんを連れ出して5年が経過したある日、長男の姉から電話が入りました。「市役所から5年間、土地の固定資産税が滞納になっているから差し押さえをすると言っている。金額は15万円」という電話です。

固定資産税は所有者の住所地に送付されますので、お爺ちゃんと一緒に住んでいたときは長男が支払っていたので固定資産税に対する認識も薄く、意に介してなかったので長男の嫁は慌てました。

苦しい生活費の中から15万円のお金を工面して市役所に出向きました。

しかし市役所は、お爺ちゃんの滞納税金であって、長男の嫁の滞納税金ではないので「収納できない」として受け取ってはくれませんでした。

どうしたらいいかと尋ねると「お爺ちゃんの委任状があれば収納できる」とのことだったので早速に義姉に連絡して「お爺ちゃんに会って委任状をもらいたい」と言うと、義姉はそれを拒否したのです。

しかも、「委任状が欲しいのであれば、今住んでいる家の敷地の内の3分の1は私から借りているという文書を私に渡せ」と言っているらしいのです。

５年間もお爺ちゃんのことを気にもせずに放っておくからそんなことになる！　と勘違いされる方もいると思うので、長男の嫁の名誉のために事情の補足説明をします。

実は、長男が生存中に長男の弟が事業を立ち上げその時の保証人に長男がなっていたのですが、弟の事業が破綻して夜逃げしたため保証人である長男が借金を返済していたのです。

その長男も亡くなったため、長男の嫁が引き続き借金を返済していたため、生活費のために夜は遅くまで仕事をせざるを得ず、他のことを気にしている余裕などは全くなかったのです。

長男の嫁は八方ふさがりになり私の所へ「どうしたらいいか」と相談に来ました。

一通りの話を聞き、「お爺ちゃんは今どこにいるのか」と聞くと、「分からない、どこにいるのかさえ教えてくれない」と言います。

義姉は大きな家に住み、何不自由のない暮らしをしているらしいのですが、お爺ちゃんを連れ出した直後も自分の家で面倒を見るのではなく、お爺ちゃんに生活保護を受けさせて施設に入れたらしいのです。

私は呆れてしまいました。義姉の行為は、美談ではなく鬼畜の行為だったのです。

ここまで読まれて、なぜ義姉はお爺ちゃんを連れ出したのか分かりますか？

答えは、生前贈与を阻止したのです。

お爺ちゃんは長男が家を建てたときに、「ついでに土地もお前の名前にしとけ」と言っていたのです。長男の嫁は旦那が死んだので将来を懸念して、お爺ちゃんに贈与してくださいと言ったらお爺ちゃんは了承したはずなのです。

一般的な主婦にそこまでの法律的な知恵があるとは思えませんから、誰か入れ知恵した者がいると思えます。義姉の旦那かも知れず、周りの誰かかもしれません。

相談者は、「そうゆうことか！　主人が亡くなって涙が止まらない内に義姉がお爺ちゃんを連れ出したので、ずっと何でかな？　と思っていましたし、私にそのような（贈与を受ける）気もなかったので全く義姉の意図が読めませんでした」と言いましたが、結局はそういう鬼畜の行為なのです。

お金にするためにそこまでするかということですが、人間裸で生まれてきて裸で還るのです。お金や土地をいくら多く持っていてもあちらには持っていけません。

でも、親友や家族との思いは持っていけます。

このような鬼畜の行いをすればいい死に方はしませんし、人間としてこの世に生まれてきた価値さえもなくなります。

この案件で相談者にどのような指導を行ったかはここでは書きません。

指導内容を逆手に取るような方も世の中にはおられますから……。

さて、もらえるものは、ちょっと視点を変えて贈与税を支払ってでももらっておこうという真意がお分かりいただけましたでしょうか。

時価総額が１２００万円だとすると、贈与税（特例贈与：直系の祖父母や父母から贈与を受けた場合）は２４６万円です（数年で分割でもらえば贈与税は半分以下になります）。

視点を変えれば１２００万円もする不動産が２４６万円以下で手に入るのです。

親が元気な内は鳴りを潜めていますが、親が病気になったりして意思疎通ができなくなったり死んだりしたら相続争いが始まりかねません。

冒頭に贈与は登録免許税も不動産取得税の場合も不利と書きましたが、少しでも懸念があれば（親族を見回したら、常識が通じない人がいる、銭ゲバがいる）無理をしてでも贈与で自分のものにしておきましょう。

財産が多い家よりも財産はあまりない家の方が相続争いは極端に多いのです。

6 贈与を受けた預金口座は

相続税の税務調査において、過去は「仮名預金」の調査が主流でしたが、現在は「名義預金」調査が主流になっています。

「仮名預金」と「名義預金」との違いを簡単に説明します。

ずっと以前は、誰にでもマル優制度（少額貯蓄非課税制度）が認められていました。

マル優制度とは、預金者1人当たり預金額300万円に支払われる利息については利子税がかからなかったのです。

その頃の定期預金利率は8％もありましたから300万円を定期預金にすると預金利息は24万円にもなるのです。

資産家の方は、このマル優制度を使うために仮名預金（架空名義の預金）をたくさんされていたのです。

ですから、その資産家が亡くなられたときの相続税の調査は仮名預金を解明することが主流でした（仮名預金の解明の仕方の一つの方法は拙著『間違いだらけの相続税対策』を参照ください）。

しかしながらその後、マル優制度はごく一部の人にしか認められなくなったことなどから、なくなってしまいましたが、過去には銀行にたくさんの仮名預金がありました。

仮名預金は、存在しない架空の人名義の預金ですが、名義預金は子供名義の預金や孫名義の預金です。

預金の名義自体は子供名義や孫名義になっています。ただし、その実態は子供名義預金や孫名義預金の通帳・カードや届出の印鑑などを預金者（祖父母や親など）がしっかり管理しているので贈与したとは認められない、実質は祖父母や親の預金というものです。

1年間に基礎控除110万円の範囲内や120万円を子供や孫名義の預金口座に振り込んで、120万円に対する贈与税1万円（120万円－110万円＝10万円×10％＝1万円）を申告して納税されて、表面上は贈与の形は整っているのですが、実質は贈与したつもりになっている祖父母や親の預金というものです。

贈与とは民法上は、お金を渡す人が「あなたに110万円を差し上げます」、受け取る人が

「はい、ありがとうございます、謹んでいただきます」という契約なのです。

ですから、契約もせずに相手の了承なしに預金口座を作って入金していても贈与とは認められず、祖父母や親が亡くなって相続が発生したときの相続税調査において、実際は亡くなった祖父母や親の預金として税務調査官に「この子供名義・孫名義預金は相続財産に入れてください！」と言われるのです。

このように、子供名義・孫名義預金は税務調査官が鵜の目鷹の目で狙っています（実際に私も税務調査官時代にたくさんの名義預金を相続財産に入れてもらいました）から、事前に税務調査官対策をしておく必要があります。

名義預金の調査で税務調査官はどのように調査するかは拙著『間違いだらけの相続税対策』に詳しく記載していますのでここでは省略しますが、贈与契約も行っている・通帳も銀行印ももらった人が管理しているもの（実際に祖父母や親から贈与でもらっている）も税務調査官に疑われる場合があります。

それはどのような預金か？　ですが、祖父母や親から贈与でもらっているままで全然動きがない（入出金がない）預金です。

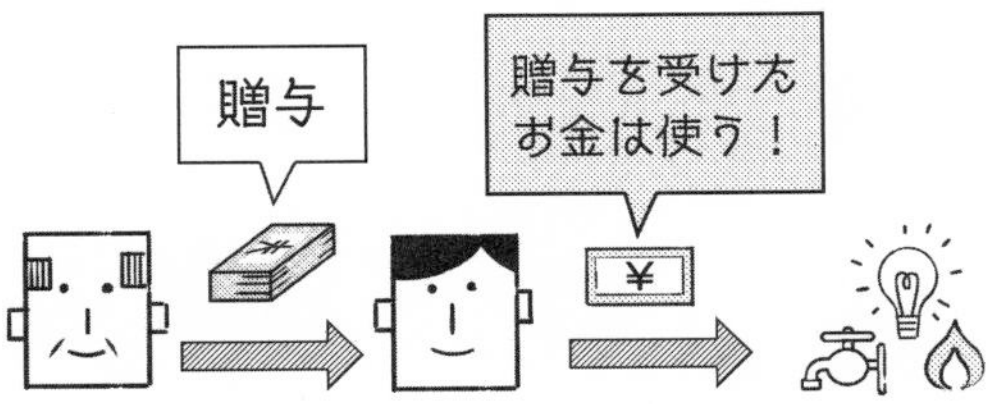

祖父母や親が「将来の相続税の節税のためにあなたに贈与しているのだから勝手に引き出して無駄遣いするな！」とか言っているものですから、もらった方もなかなか使えないでいるから動きがないのですが、全然動きがない預金は税務調査官に名義預金ではないかと疑われます。

ですから、私は税務調査官時代の経験を活かして、「もちろん無駄遣いはダメですけど、子供や孫がどうしても生活に必要なもの（水道・ガス・電気代などの公共料金や電話代・パソコンなどの家電代など）はもらった預金から買った方がいいですよ」とお客さんに伝えています。

ということで、贈与とは契約であって「贈与した」「贈与を受けた」という認識がない場合、また「贈与をしたのに祖父母や親が預金を管理しているもの」は税務調査官のターゲットになりますから注意が必要です。

7 贈与税の配偶者控除が否認された

贈与税の配偶者控除という特例がありますが、この特例が否認されたケースです。

贈与税の配偶者控除の特例の概要を説明します。

婚姻期間が20年以上の夫婦の間で、居住用不動産または居住用不動産を取得するための金銭の贈与が行われた場合、基礎控除110万円のほかに最高2000万円まで控除（配偶者控除）できるという特例です。

この特例は、昭和41年に創設された特例です。

その創設された主旨というのが、「最近における親子相互間の扶養義務の観念が薄らぐ傾向から、夫の死後における妻の生活保障の観点から創設するもの……。」となっています。

昭和41年に、このような主旨でできた法律です。

ビックリですね。昭和41年と言えば、1966年で、既に54年（半世紀）前に、「最近における親子相互間の扶養義務の観念が薄らぐ傾向から……、」と言っています。

今のこの世の中、おして知るべしです。

このような主旨で作られた特例ですが、この特例を使って申告された贈与税の申告を否認したケースがあるんです。

どんな内容の申告書であったか説明します。

夫所有の夫婦が住んでいる不動産があったんです。この不動産の相続税の評価額を4000万円とします。贈与税の評価額も相続税の評価額を使いますから、贈与税の評価額が4000万円です。

この４０００万円の不動産の２分の１を妻に贈与しました。

となると、不動産の贈与税の評価額は２０００万円になりますから、贈与税の配偶者控除は２０００万円あります（１１０万円の基礎控除もあります）から、申告さえすれば贈与税はかかりません。

ここまででしたら、通常どこにでもある普通の案件で済んでいたんですけど、この案件はちょっと違ったんです。

なにが違ったのか？

その年の3月25日に夫から贈与を受けて9月15日にこの不動産を売却したんです。

すぐに売却するものを登記費用などもかかる（司法書士の費用・登録免許税・不動産取得税）のになぜ、わざわざ贈与したのか？

みなさんはなぜだと思われますか？

租税特別措置法第35条に「居住用財産の譲渡所得の特別控除」という、住んでいた不動産を売却した場合には、利益金額から３０００万円を差し引ける特別控除があるんですね。

利益金額とは、売り値から買い値を引いて、仲介手数料などの費用を引いた金額です。

この夫婦は売却した時の税金を考えたんですね。

普通はこのようなスキームを素人が考えつきませんから誰かの入れ知恵だとは思います。

この不動産は、6000万円で売れたんですが、夫だけの名義で売却すれば課税所得金額は2500万円になりました（買い値は、先祖代々のものでしたから、売り値の5％になり300万円、仲介手数料が200万円で6000万円－500万円－居住用の3000万円控除で2500万円です）。

譲渡所得税は地方税込みで、現在ですと利益金額に14・21％（国税が10・21％、地方税が4％：長期譲渡所得の税率）ですから、2500万円×14・21％＝約355万円になります。

しかし、不動産の半分が妻のものだったらどうでしょう。

売った金額そのものが6000万円ですから、半分ずつで3000万円。特別控除は3000万円ありますから税金はかからなくなります。

贈与税の配偶者控除を使って夫が妻に贈与した意図はここにあったんですね。

税務署も、贈与を受けてから短期間で売ったこの取引はおかしいと調査に入りました。

この不動産の最終の買い主（不動産業を営む法人だった）のところに反面調査に行った結果、売却の話しが出ていたのは前年の12月からでした。

結果、既に売却する目的の不動産ですから住むために贈与したものとは認められない（居住用資産の贈与とは言えない）として、贈与税の配偶者控除を否認したんですね。

贈与税額は、2000万円－110万円＝1890万円。

１８９０万円の贈与税率は50％－２５０万円＝６９５万円も取られました。贈与しなければ、約３５５万円の納税で済んでいたものが、聞きかじりのことをしたがために６９５万円と過少申告加算税と延滞税の納税義務が生じました。

夫は、贈与はなかったことにしてくれと言いましたが、認められませんでした。

本当は、３０００万円控除も否認しようかとの話もあったんですが、そこまではしませんでしたが妻の２分の１部分は居住用資産とは認められませんから、税務署が強硬策を取れば３０００万円控除も否認されてもおかしくない事案でした。

そうなると、倍近い税金を納めることになっていましたので、ほんの聞きかじりでそうしなければ損みたいに考えて実行すると散々な目に合いますのでみなさんも気をつけてください。

３月に贈与して、９月に売却するなんて、贈与を受けて半年ですからね。

こんな極端なことをしたらダメですね。

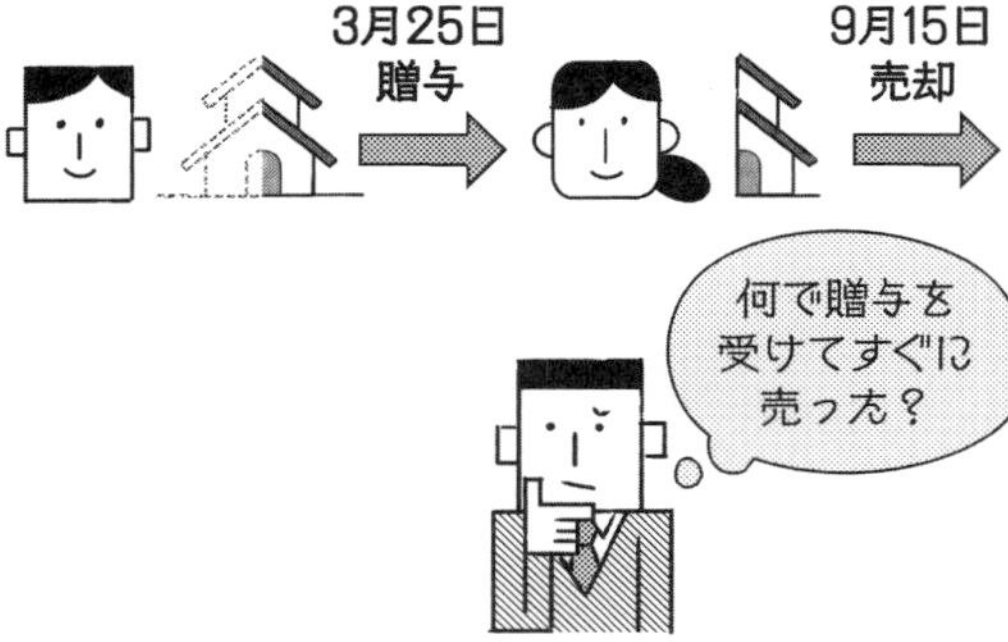

少なくとも、翌年の贈与税の確定申告が終わってから売却するとか2～3年妻もそこに住んでいる実績を残してから売却しなければ「措置法35条の3000万円を受けるがための贈与だな！」と税務署のターゲットになります。

第6章

贈与税調査のこぼれ話

1 教育資金等の一括贈与をしても110万円の贈与は可です!

今回は、「教育資金・結婚・子育て資金の一括贈与をしていて、暦年110万円の贈与は非課税になるのか?」という説明をします。

「教育資金・結婚・子育て資金の一括贈与」を受けた方から110万円の贈与は受けられますかという相談を受けました。確かにそういう疑問が出てきますね。

教育資金の一括贈与は、祖父母や親が30歳未満の子供や孫に教育資金として金融機関を通じて一括で贈与をした場合、1500万円までは贈与税がかからないという特例です。

また、結婚・子育て資金の一括贈与は、祖父母や親が20歳以上50歳未満の子供や孫に結婚・子育ての資金として金融機関を通じて一括で贈与をした場合は1000万円までは贈与税がかからないという特例です。

この特例で限度額まで贈与をしていたら110万円の贈与はできないんでしょうか。

答えは、「できます」です。

この他に、住宅取得資金の贈与とか贈与税の配偶者控除という特例もあって、住宅取得資金の贈与は、令和３年３月31日までは省エネ住宅で１５００万円、その他の住宅で１０００万円までは非課税で贈与が受けられます。

また、贈与税の配偶者控除は、婚姻期間が20年以上ですと居住用資産か居住用資産を買うお金でしたら２０００万円まで非課税で贈与が受けられます。

この住宅取得資金の贈与、贈与税の配偶者控除の特例を限度額まで受けていても、１１０万円の贈与は受けることができます。

さらに、相続時精算課税制度という特例がありまして、この特例は原則として60歳以上の父母または祖父母から、20歳以上の子供または孫に対し、財産を贈与した場合において２５００万円まで非課税で贈与が受けられます。

ただし、この相続時精算課税制度の特例を使うと、以後の贈与は全て相続時精算課税制度の贈与になりますし、限度額を超えるとたとえ10万円の贈与であっても一律20％の贈与税がかかります。

分かり易くまとめますと、「相続時精算課税制度以外の特例は、１１０万円の贈与ができます」ということになります。

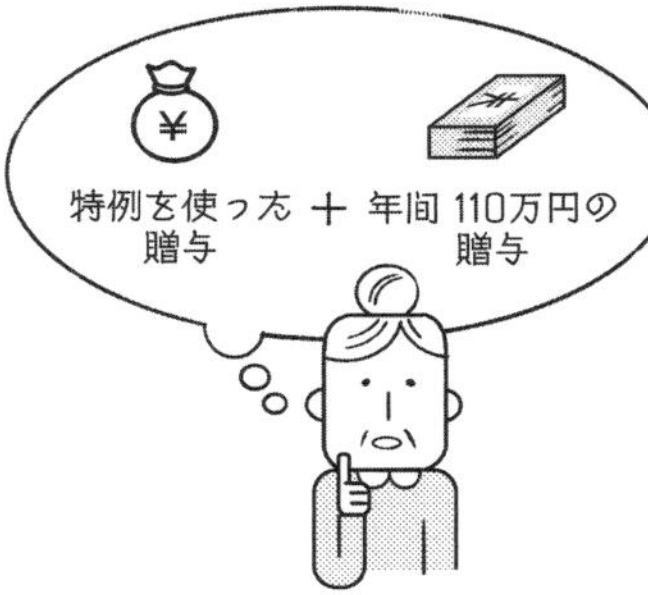

2 税務署は、贈与税の調査はしていない

税務署は、「贈与税の調査はしていない」について説明します。

みなさんはお友達との話の中で贈与の話なども出て来ると思います。

「親にお金を出してもらって車を買った」とか、「家を建てたけど親にお金を出してもらった」とかです。

お友達の中の物知りの方が「そんなことしたら税務署から呼び出しがあって贈与税を払わされるよ」とか言われます。

また、銀行に行って多額の預金を引き出そうとしたら、銀行の人から「何に使われますか」と問われ、「子供が大きな買い物をしますので援助しようと思いまして」などと答えると、「そんなことをされたら大きな贈与税がかかりますよ」とか言われます。

みなさんはそれくらい贈与税といいますか、税務署を怖がっていますね。

このようにみなさん方は、贈与税についてとても敏感です。

私も長い間、税務調査官をしていましたので、現職時代はみなさん方が贈与税について、と

ても敏感なくらいで丁度いいと思っていました。

なぜかといいますと、税務署は贈与税の調査はしていないからです。

「えっ！ 税務署は贈与税の調査はしてないの！」って思われた方がいらっしゃるかも知れませんが、はい、基本的に税務署は贈与税の調査はしていません。

中には、私は税務署に呼び出されて贈与税の申告と納税をさせられた、という方もいらっしゃるかも知れませんが、それはたまたま税務署に贈与税の資料が来たという場合ですね。

例えば、一例を挙げますと、生命保険の満期金が契約者以外の受取人に支払われたという資料とかですね。この場合は、資料に基づいて受贈者に税務署に来ていただいて贈与税の申告と納税をしていただきます。

税務署は贈与税の調査をなぜしていないかですが、基本的に「贈与税」は「相続税」の補完税だからです。

「贈与税」は「相続税」の補完税？ 何のこと？ と思われた方もいらっしゃるかも知れません。

贈与税がなければ、相続税がかかるような方が生前にどんどん子供や孫にお金を贈与すれば相続税がかかるような方は一人もいなくなりますよね。ですから贈与税でお金の流れを食い止めているんです。

贈与税は相続税がかかるような方のそのような行為を防御する目的の税ですから、本来は、相続税がかかる方のみに贈与税を課税したらいいのですが、相続税がかかる方というこの選定は非常に難しいのです。

消費税のように課税売上が1000万円以上という区分ができないんですね。

余談ですが、親から子への資金移動については税務署は敏感ですが、逆に子から親への資金移動（いわゆる逆贈与）については税務署は寛大なんです。

なぜかは、将来発生するであろう親の相続で親の財産が増えて相続税としていただけるからです。

話を戻しますが、そのようなわけで税務署は贈与税の調査はやっていないのです。

また、個人の銀行口座は日本国内にどれくらいあるか分かりませんが、仮に1人1口座としても1億2千万口座あるわけですから、とてもとてもその中から贈与を把握するなんてできるものではないんですね。

元税務調査官が言うのだったら安心した「親のお金を使おう」と思われた方もいらっしゃる

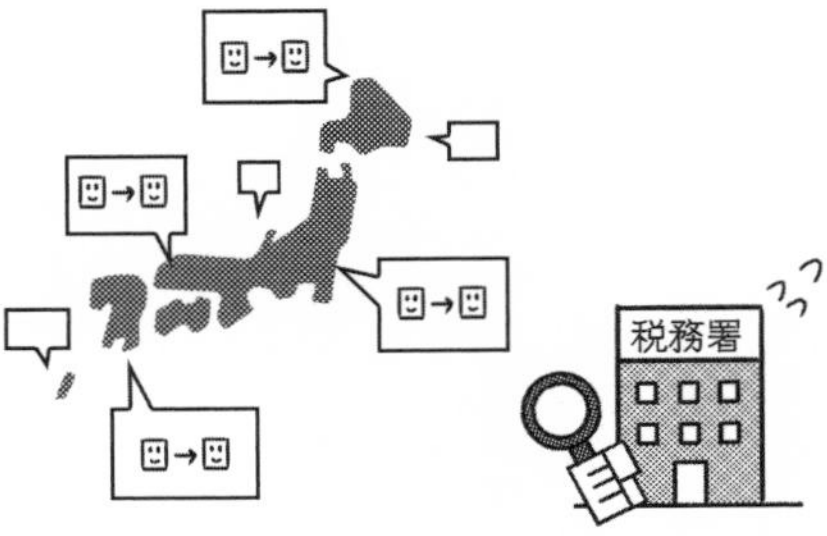

1億２４万人の贈与なんて
把握できない

かも知れません。これはダメです！　今は、税務署は贈与の事実は把握していませんが、相続が発生したときに税務署が預金の調査をしますから贈与が表面化します。その時に痛い目に合いますので無茶なことはしないでおきましょう。

3 顧問税理士が税務署に嫌われると、いらない調査を招くかも！

「税務署は贈与税の調査をしていませんが、税理士の対応によって、過去にやったこともある」というのを披露します。

これまで「税務署は贈与税の調査はしていない」ということを言ってきましたが、先日ふと思い出しました。「そう言えば昔、とある税理士さんが私の先輩調査官を怒らせて、その税理士さんの関与先に対して贈与税の調査をしたなぁ」ということがありましたので、今回はその話をします。

通常、「税務署は贈与税の調査」はしていません。

なんでかと言いますと、お金を贈与されるときは、受け取る方の預金口座にお金を入れられますよね。

でも、銀行預金口座なんて日本国内にどれだけあるか分からないのに、その銀行口座の中から、「Aさんは親の預金を引き出して自分のものにされている」なんて事務量が膨大過ぎてとても調査できるものではありません。

税務署が動くのは相続が発生したときなんです。

贈与をした人が亡くなった、そのときには資金移動などを克明に調査して贈与の事実、名義預金の関係を調査します。

ですから通常、贈与税の調査はやっていません。

しかし冒頭でも言いましたように、私は過去に贈与税の調査をしたことがあるんです。

私がまだ、現職の国税調査官だった頃なんですが、ある先輩調査官が相続税申告書を作成した税理士と相続人名義の預金に関して、贈与税の時効と名義預金のことで揉めていました。

先輩は問題の預金は「名義預金ということで相続財産だ」という主張で、税理士は「これは過去に子供が贈与でもらっていたもんなんだから相続財産じゃない」という主張です。

さらに、「贈与税の時効も過ぎているから贈与税も課税できないだろう、課税するなら勝手に課税してくれ」という返答までしました。

その税理士はいつも、贈与税の時効が過ぎていたら「その預金は名義人のもの」、贈与税の時効がまだだったら贈与税がかからないように「名義を使っているだけで、本当は贈与はしていないから、贈与者にお金を返す」と言っていました。

度々こういうことがあったので、先輩は「今度、先生の関与先で贈与税の時効前の預金移動を見つけたら贈与税を課税しますよ！　よろしいですね！」と念を押していました。

税理士は一瞬黙りましたが、結局は先輩の指摘（問題の預金が名義預金というところ）は受け入れられないということで話合いは決裂しました。

話し合いが不調に終わった後の先輩ですが、「おい、みんなあの税理士の関与先全て贈与税の調査をするぞ！」と言いました。

どういう目的があるかと言うと、関与先の資金移動を調査して時効前の資金移動は贈与税を課税するということです。

課税を言い渡したときに、「名義預金だから親に返す」と言っても受け入れず、税金を徴収してその税理士の面目を潰すためです。

周りの職員もその税理士を日頃から嫌っていたこともあって「やりましょう」となったわけです。

もちろん自分の調査案件の仕事もありますから、これは片手間にやったんですけどね。

では、どのように贈与税の時効前の資金移動を調べたかというと、まず、その税理士の関与先を調べ上げ、リストを作成して、だれがその関与先を調べるのか担当を割り当てます。

それから各自で関与先の家族を調べ、銀行に預金照会をし、銀行の回答内容を見て、親から子や孫などに資金移動があるかをチェックします。

そうこうしていると、銀行からかどこからかその税理士に連絡が入ったんでしょう。「私を狙い撃ちするのか」と苦情を言いに来ましたが、みんな知らん顔で、こちらは調査するのが仕事ですから知ったこっちゃないという雰囲気でした。

自分の関与先を全て調査されて、依頼者はとばっちりで贈与税を課税され、面目を潰されたその税理士はこれ以降おとなしくなりました。

私も税理士になった今、このことを思い出すとこの税理士のようにあんまり税務署に嫌われるとお客さんに迷惑をかけるな、と改めて思います。

まぁ、でもですね、国税ＯＢ調査官としてはちょっと寂しいことなんですけど、今はそのような侍みたいな職員はいませんけどね。

それにしてもその税理士の関与先のお客さんは知らないところでとんだとばっちりでした。

第7章

譲渡所得税調査の着眼力

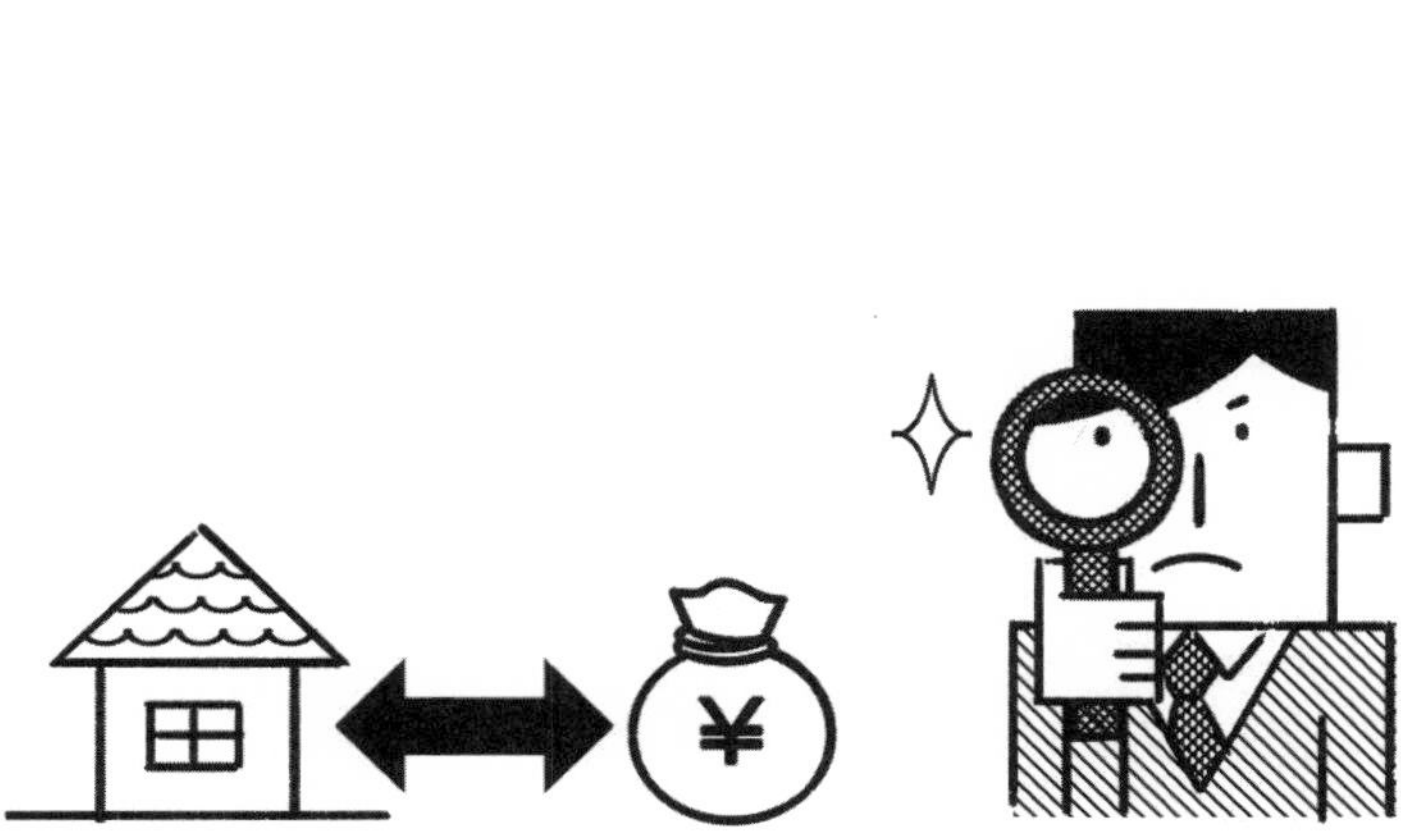

1 売り主への反面調査でウソ発覚

課税対象になる譲渡所得の算定は、

［①売り値－②買い値－③仲介手数料や印紙代などの譲渡費用－④特別控除額＝譲渡所得］

になります。

ですから、譲渡所得の調査は、①売り値・②買い値（取得費）・③譲渡費用・④特例適用の適否の4項目しかありません。

長期譲渡所得（売った年の1月1日において5年以上所有していたものを売った場合）であれば、譲渡所得金額の20・315％（国税15・315％、地方税5％：長期譲渡所得の税率）の税金がかかりますから、①売り値を下げる、②買い値を上げる、③譲渡費用を水増しする、④使えない特例を体裁を整えて使うという方法で税金を誤魔化そうとするので、税務調査官はこれらの4項目が正しいかを調査します。

今回は、譲渡所得の申告で、②の購入価格が正しいかどうかの調査、つまり、買い値は正しいのかを調査する場合どのように調査するのかについて説明します。

なお、この買い値の調査は相続によって取得した財産については、大昔に先祖が取得した買い値なんて分かりませんから、売り値の５％が買い値（取得費）とみなす規定があります。したがって売り値の５％が申告されていたら買い値が正しいかどうかは調査はしません。

調査を行うのは、購入した時期と金額について、この時期にこの金額は高すぎるのではないかという場合に行います。

具体例を示せば、昭和50年に３０００万円で買った土地を今回５０００万円で売ったとします。その土地が昭和50年に３０００万円であるはずがないであろう、おそらく高く見積もっても昭和50年なら２０００万円以下だろうというケースに調査に入ります。

それでは、実際にどのように調査するかですが、まずは売った人（申告者）に会って購入時の契約書を見せてもらいます。

当然、申告者の持っている契約書は申告額と合っているハズですよね。

申告者が、申告した金額より安い契約書を税務調査官に見せるハズはありません。

それで次は、法務局で登記事項証明書を入手して、所有権の移転状況を見て今回売った人の前の権利者を調べて、その前の権利者に会うんですね。

これを過去の売り主への反面調査といいます。

売り主へ反面調査を行って、その人が今回売った人に昭和50年にいくらで売ったかを調査するために契約書を入手します。また、仲介業者がいれば仲介料の領収書などを確認します。契約書や領収書が正式のものではないこともありますから、銀行で入金額を調査することもあります。

このときに一番重要なことは、なぜ売ったのかという理由ですね。

理由にはいろいろあります。

「相続税を支払う資金の捻出のため」「利用しないから」「相手が買いにきたから」及び「買い換えたいため」など売った理由はいろいろです。

いわゆるこちらから売りに出したら安くなる、相手が買いに来れば高くなるというのは売買交渉の常識です。ですから、安くて当たり前なのか、高くて当たり前なのかの判断のために売った理由は必ず聞きます。

一つの実例としまして、今回売った人は買い値を3000万円としていましたが、以前売った人に反面調査に行くと、出された売買契約書の金額は2000万円となっていました。

どちらかの契約書が偽物です。

調査官としては、今回売った人（申告者）の買い値が3000万円から2000万円になれば実績として１０００万円の増差となりますので、正しい金額は２０００万円であって欲しいわけです。

しかも２０００万円なら、申告者は購入した売買契約書を偽造したことになりますから重加算税の対象にもなります。調査官の私としては絶対に２０００万円であって欲しいわけです。

そこで先ほどの売った理由を聞きました。

すると売った理由は、「長く住んでいたのですが、当然古くなりました。近所に新しい戸建てができたので買い換えたのです」って。

この理由で十分です、キマリです。売った金額は２０００万円が正解です。

調査官としては「ハイ！　一丁上がり」ですね。

なぜか？　ですよね。

この後、申告者を追及します。警察でいうところの取り調べですね。

私が、「あなたが示した、この買った時の契約書の金額３０００万円は違いますよね。本当の契約金額はいくらなんですか。正直に答えてください」と聞きます。

申告者はスンナリとは認めません。

「これが正しい契約書ですよ！　間違いありません」

「仕方ないですね。ここに2000万円の正しい契約書があります。あなたのサインも印鑑も押してありますね。この契約書をどう説明されるんですか」

敵もさるもの引っ掻くものです。

「ああ、思い出しました。私に売った人が税金が高いから契約金額を1000万円下げて2000万円にしてくれないと売らないと言われましたので、仕方なく2000万円の圧縮契約書を作ったんでした」

と言われますが、こちらとしてはこの納税者の答弁は想定済みです。

少し時間を置いて「あなたが買った人は、ここに長年住んでいらっしゃったんですよ」「だから何ですか？　契約金額が3000万円ということに何か関係ありますか？」との返事です。

「居住用財産を売った場合には、租税特別措置法第35条の規定で譲渡所得金額から3000万円を控除できるんです。ですから、わざわざ買い主に頼んで圧縮契約書を作る必要は全くないんですよ！」

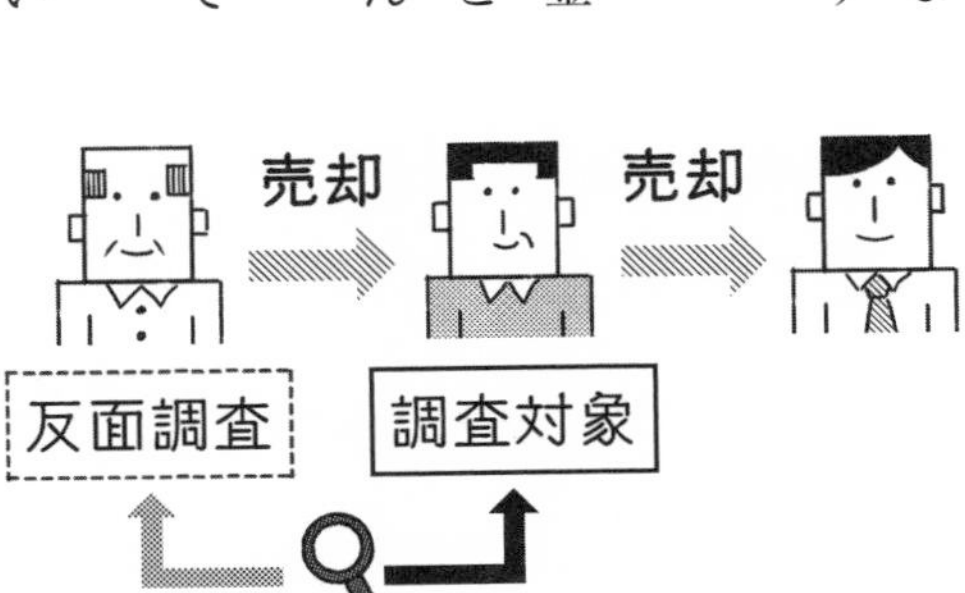

はい、これでケリが付きました。
修正申告と重加算税賦課でした。

※　圧縮契約書、居住用財産の３０００万円控除は１７７頁～、１８５頁～でじっくりご説明します。

2　売却価額を偽る圧縮契約

この頃、土地の価格変動も二極化傾向（駅近くは上がっている、それ以外は下がっている）が進んでいます。とはいえ、全体的に土地の価格は値上がりしてきましたので、不動産を売って利益が出ていて、申告内容がおかしい事案が出てきているようです。そろそろ譲渡所得の調査も本格的にやるようになるでしょう。

譲渡所得の調査は、売り値・買い値・譲渡費用及び特例の適否の4項目しかありませんが、調査手法にはさまざまなやり方があって、今のように先輩や幹部が若手職員に手取り足取り教えてくれるような時代ではなかったですから、当時は先輩の調査手法を盗んで調査をしていました。

そんな苦労をして納税者に騙《だま》されながら身に着けたものですから、私たちの年代の税務調査官は調査の場ではそれなりに自負を持っていて、いわゆる威厳がありましたね。

自慢話は後にして、まずは売り値の調査の一端から話していきましょう。

税金を誤魔化そうとすれば、売り値を実際の売り値より低くする方法が思いつきますよね。

これを「圧縮契約」といいまして、本当は5000万円で売ったんだけども税金を納めたくないから3割削って3500万円で契約書を作成するんですね。この契約書を「圧縮契約書」といいます。

もちろん5000万円の本当の契約書も作ります。

買った代金を買い主が払ってくれなかったりしたら、裁判所に訴えたとしても3500万円の契約書しかなかったら認めてくれませんからね。そんな時のために「5000万円の本当の契約書」も作るんです。

そして、税務申告はこの金額を圧縮した3500万円の契約書で申告するんですね。

1500万円を誤魔化すと今の税率（国税15・315％、地方税5％、合計20・315％：長期譲渡所得の税率）で計算すると約305万円も税金が少なくて済みますから、国産のハイブリッド車が買えますね。

当時は36％（国税30％、地方税 9％：長期譲渡所得の税率）でしたから税金は585万円も減ります。

さて、この圧縮契約をどのようにして暴《あば》くか。それこそ着眼点（調査方法）はいくつもあるんですが、一番オーソドックスなものは「見込時価」ですね。

「見込時価」とは何ぞや！ですが、税務署には売却した申告書が多数出てきますから、売却年月日・所在地・地目・売った価額の平方メートル当たりの単価を地図に落とし込んだ「見込時価図」とか、この付近は平方メートル当たりの単価はいくらという「見込時価表」を作っているんですね。

その「見込時価表」と比較して、「えらい安く売ってるなあ」とか「この値段やったら妥当やなあ」とかを見るんです。

そして、売った理由を見ます。

売った理由が「相続税の支払いのため」とかだったら、買い主も足元を見て値段交渉しますから少々安いのは納得がいきます。

そんな相続税支払いのためとかではなくて、「えらい安く売ってるなぁ」だったら調査します。「この値段やったら妥当やなぁ」だったら調査省略ですね。

なにせ、筆者が調査官として活躍したのは、まさにバブル絶頂期ですから毎年毎年2～3割は土地の値段が上がっていく時代ですから、特別な理由がなければ、税務署が持っている見込時価額よりも安く売る必要がないといいますか、売るハズがないんですね。

例えば、1年前にその付近で売れている物件の1平方メートル単価は10万円となっているのに、数十メートルしか離れていない1年前の物件よりも立地条件はいいのに、7万円で売っている、とすれば、税務署からすれば1年後ですから同じ10万円でもおかしいのに7万円とかですと、「やりやがったな！」となるわけですね。

こうした申告書を目にすると、「こんにちは、譲渡所得の調査に来ました」と調査に入るんです。

「譲渡所得の申告をしてもらっていますけど売買契約書を見せてください」と尋ねますと、当然、売り値３５００万円の売買契約書が出てきます。

それを一瞥して「いやいや私が見たいのは正式な契約書の方です」って言うんです。相手もどこまでバレているのか疑心暗鬼ですから、どこまでシャベッテいいのやら、という心境です。こうなると、調査ではありません、我慢比べですね。黙って見守るんです。

本当にその値段で売ったのであれば自信がありますから「そこまで言うんだったら証拠を見せろ！　税務署が掴んでいる証拠の方が間違いやろ！」って怒りだして塩を撒かれますけど、人間疚《やま》しいと本気で怒れないんですよね。

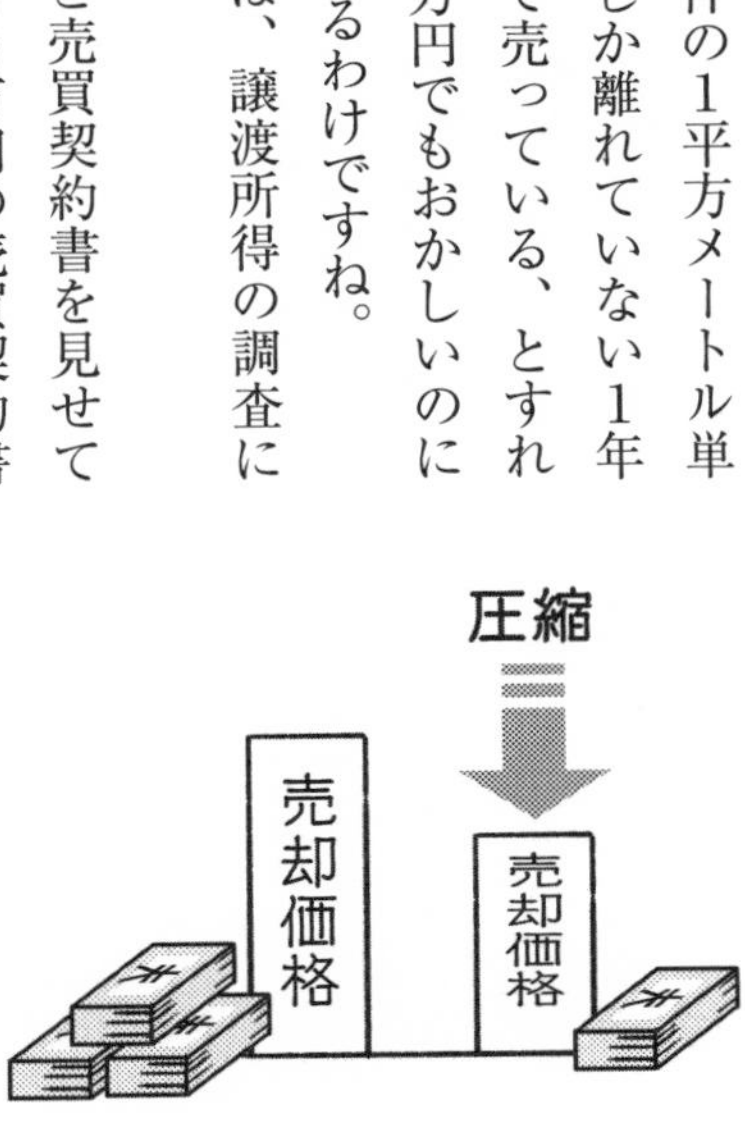

これで大概の方が陥落でした。

3　事業用？ 買換資産の調査

租税特別措置法第37条に「特定の事業用資産の買換えの場合の譲渡所得の課税の特例」があります。

どのような特例かといいますと、10年以上（1月1日において）所有していた事業用の土地・建物を売却して、事業用の土地・建物を購入すれば譲渡所得の計算において80％の税金の繰延べをしますという特例です。

今は80％の部分だけが税金の繰延べ対象ですが、昭和時代は１００％が税金の繰延べが可能でした。

みなさん、1円でも税金は払いたくないから、事業用の土地・建物を売れば事業用の土地・建物を買います。一説には、この事業用資産の買換えの特例があったから土地バブルを産んだとも言われています。なにせ、土地を持っていれば、売却して儲かるということですから、無理をしてでも買うわけです。

株も同じです。どんな株でも買えば上がる、そして売れば儲かるというのですから、国民全て株主という時代が昭和後半から平成3年まで続いたわけです。

このような時代でしたから、譲渡所得税の調査はたくさん行いましたね。

今回の事案の内容は、売却した土地は駐車場として利用していて、この特定の事業用資産の買換えの特例を適用している事案で、調査項目は「売った土地は事業用ではないのではないか」というものでした。

売った土地が事業用でなかったら税金の繰延べができないわけですから20・315％の税金（国税15・315％、地方税5％：当時は国税30％、地方税9％：長期譲渡所得の税率）がかかります。

5000万円で売ったとしたら概算で約1016万円（当時は1950万円）の税金が取れるんです。

このような事案はどのように調査をするのかと言いますと、警察の捜査と同じです。

まずは、現場百回、現地を見に行きます。

でも大抵は買った人が建物を建てたりして当時の状況は確認できません。

ですから、近所に聞き回るんです。

「今あの建物が建っている所ですが、以前はどうでしたか？　何か建物が建っていましたか？　それとも駐車場になっていましたか？」と聞いて回るんです。

近所の人でも建物が建ってしまって状況が変わると、意外と前がどうだったのかというのは覚えていないものです。

「さぁ、どうでしたかねぇ、建物は建っていませんでしたが、車が止まっていたように思いますが……」とか、中には、「空き地でしたよ。子供が遊んだりしていましたから」などと、駐車場ではなかったことを話してくれる人もいます。

そうなると、こちらは証拠として使いたいですから「証言してください」として「質問顛末書」を取りたいのですが、どの方も証言には応じてくれません。

そりゃあそうですよね。税務調査官が何の調査をやっているのかは分からないにしても、自分の証言で誰かが税金を取られるだろうことは分かりますから、誰かに恨みを買われたくないし、税務署から謝礼が出るわけでもないから誰も協力はしてくれません。

聞き取りの調査結果としては、売った土地は駐車場ではなかったというのは確認できるものの、決め手がない状況です。

納税者に「駐車場じゃなかっただろう」と言ったところで、「はい、そうです」と認めるハズもなく、真っ黒であることは分かっているのに証拠がないから諦めざるを得ない状況でした。調査はこの事案だけをしているわけではないので、ある程度のところで割り切る必要もあります。

悔しい思いをしながら諦めた後、3か月が過ぎたある日、他の事案の調査の現地を確認するために、鉄庫に入っている住宅地図を出したときに私は「ハッ」となりました。

何と、ゼンリンの住宅地図の表紙に諦めていた現地の写真がカラーで大きく載っているではないですか。

航空写真の拡大版が住宅地図の表紙に使われていたのです。私はすぐにゼンリンに電話をして、撮影年月日を確かめました。

写真は鮮明で、売った物件は空き地で、車が1台だけ中央に置いてありました。どんな証言よりも有効な写真です。

その後、納税者を呼び出して、「売られた物件は駐車場（事業用）ではなかったですよね」と言うと、「いえ、駐車場に使っていましたよ」と当然すんなりとは認めません。「これを見てください。ゼンリンに確認しましたら、○年□月、あなたが売却される直前の写真です」

「……。」

修正申告書を出してもらい追加の税金と過少申告加算税を納めてもらいました。

4　本当に住んでいない？　居住用財産の特例の調査

租税特別措置法第35条に「居住用財産の譲渡所得の特別控除」という規定があります。簡単に説明しますと、自分が住んでいる家と土地を売った場合には、譲渡所得金額から３０００万円を控除するという規定です。

譲渡所得金額とは、売り値から買い値を引いて仲介手数料や契約書に貼った印紙代などの経費を引いた残りですが、この譲渡所得金額から、さらに３０００万円の控除ができるから、この特例は是非とも使いたい特例です。

そのために、特例の適用要件に合わない人が無理矢理に適用要件に合わせて３０００万円の特別控除を使って申告するケースがあります。

適用要件は難しいものではなく、本当に住んでいればいいのですが、特例を受ける目的で住んだものではダメ、と比較的単純な要件です。

3000万円の控除ですから、税金（軽課税率で14・21％）に単純に換算すれば約426万円もの特典です。

申告は、売却した年の翌年の確定申告時期に申告書と譲渡所得の内訳書と住民票の除票を添付して住所地の税務署に出せば完了です。

1円でも税金は少なくしたい、納めたくないは人間の性であり、それと税務調査官は対峙することになります。

売却した物件に、実際に住んでいた人は大手を振って3000万円控除を適用したらいいのですが、問題は住んでいなかった人が3000万円を控除適用している場合です。

税務署は、3000万円控除を使った申告書を出してきた申告者が売却物件に住んでいたのか、住んでいなかったのかをどのように見分けて調査対象案件にするのでしょうか。申告するには住民票の除票の提出が義務づけられていますので、まずは住民票の除票を確認します。

売却した物件に何十年も住んでいて住所移転の履歴が無ければ調査案件には選定しませんが、売却物件に直前に移転して来ているとか、売却後に新たな居住用財産を買っていない、アパートにも入居していないとなると、3000万円控除を受けるがためだけに売却物件に引っ越してきた可能性が高いので調査事案に選定するのです。

3000万円控除の適否の調査はどのように行うか。申告者の家族構成・売却した物件の電気・ガス・水道の利用状況の調査と売却した物件地の周りの家への聞き込み調査です。

家族構成をなぜ調べるかというと、家族に学童がいれば、子供は売却した物件の学区の小学校に通っていたのかを調べるためです。

また、電気・ガス・水道は実際に電力会社やガス会社に赴いて調査することもありますが、大抵は文書照会ですね。

電気などの使用量を見て、実際に生活していた使用量になっているのか、毎月基本料金だけだと3000万円控除を適用するためだけに住所を変更したんだなということで修正申告を促すことになります。

また、売却した物件の周りのお宅への聞き込みは、

「あの家に、昨年の○月までAさんは住んでおられましたか？」

「いつ頃引っ越して来られましたか？」

「何人で住んでおられましたか？　子供さんは一緒に住んでおられましたか？」

「朝の通勤時間にAさんを見られたことはありますか？」

「自治会の会合や行事には出席されていましたか？」

などを聞いて回るんです。

まぁ、子供がいる場合は学校への通学状況・電気ガスなどの使用状況・売却物件地の周りでの聞き込み、ここまで調査すると本当は住んでいなかった場合などはハッキリします。

なにせ3000万円控除と控除額も大きいものですから、ちょっと引っ越して形だけでも住んだことで控除が受けられるのであれば受けたいという気持ちは分かりますが、税務調査官は調べるのが仕事ですから甘くはありません。

また、譲渡者は住民票にこだわりますが、売却した物件に住民票がある・ないは最終的に関係ありません。

住民票がなくても実際に住んでいた家・土地であれば特例は使えますし、住民票があっても実際に住んでいなかったら特例は使えません。

5　偽の売買契約書を見破ったのは収入印紙

長期譲渡所得税の事案で購入価格に疑義のある事案を調査しました。

購入価格に疑義のある事案とは、売った土地の買った価額が高すぎるという事案です。なぜ、税務調査官は過去に買った値段が高いと判断できるのかというと、税務署には譲渡所得の申告書がたくさん出てくるので、過去からの売買事例の蓄積があるからです。

※　１７９頁～で「見込時価図」や「見込時価表」を説明しました。

昭和50年に買った坪単価が50万円のはずがない。調査官は「よし調査しよう」となるのです。過去の取引ですから、購入資金の出どころの調査のため、当時どのように資金を調達したか、どこの銀行からお金を引き出しかも分からないため銀行を調べるわけにもいきません。

このような調査事案では、法務局で登記事項証明書を入手して、昭和50年に今回の納税者に売却した人は誰かを調べて、前所有者に会って売り値の調査をするか、直接今回の納税者に会って追及するしかありません。

この案件は、前回の所有者が亡くなっていたので、今回の納税者に直接会って調査を進めました。

調査項目は買い値の疑義なので、購入時の経緯と関係書類を調査します。

何に使うのに購入したのか、購入時に仲介業者はいたのか、購入代金はどのように工面して支払ったのか、現金か、それとも小切手で支払ったのかなどを聞き取り、答弁に何か調査の参考になるものはないのかなど想定されるものは確実に聞き取ります。

そして、いよいよ現物確認です。

まず、購入時の仲介手数料の領収書や売買契約書などを出してもらって確認します。仲介手数料の領収書があれば法定の手数料となっているかを確認します。

法定の仲介手数料というのは、［売買金額×３％＋６万円］です。

売買価格が１０００万円の仲介手数料は、

１０００万円×３％＋６万円で36万円、これに消費税で３９万６０００円となります。

例えば、仲介手数料が33万円であれば、

３３００００円÷１１０％＝30万円で、

（30万円－６万円）÷３％＝８００万円

ということで、買い値は８００万円ではないかと予想がつきます。

この際に、買い値を１０００万円だとして申告していれば、買い値がおかしいのではないかと納税者を追及します。

残念ながら、今回の取引は相対取引であったため仲介手数料の支払はなかったようです。

次に、申告者に買った時の契約書を出してもらい売買契約書をチェックします。

しばらく、その契約書を眺めて、私は言いました「正式な売買契約書を出してください」と。

納税者は「えっ！　それしかありませんけど」と言います。

「それじゃあ、タイムマシンを見せてください」

「何ですかタイムマシンって、こんな時に冗談はやめてください！」

そうです、出してこられた売買契約書に貼ってある収入印紙は最近発行の収入印紙でした。

昭和50年当時の売却した土地を買った当時には発売されていない収入印紙が貼ってあったんです。

税務調査官が調査に来るというので、慌てて作った契約書なんでしょうね。

今はインターネットで何でもすぐに調べることができますが、当時はインターネットなんかはありませんから、税務調査官は「調査便覧」といって、いろんな情報が載っている冊子を各人持っていたんですね。

私は、その売買契約書が昔の契約書にしては黄ばみもなく比較的新しく見えたので「調査便覧」で収入印紙の発行年を調べていたんです。

みなさんご存じでしたか。収入印紙もデザインが時々変更されているんです。

新デザイン

旧デザイン

6 固定資産税の清算・保証金の持ち回り

譲渡所得の申告では、意外なものが申告漏れになります。調査官はこれも見逃さないで納税者に指摘します。どういうものかといいますと、固定資産税の清算金やアパートなどを売却した時の保証金の持ち回りなどです。

固定資産税の清算金から説明すると、固定資産税というのはその年の1月1日時点の所有者に課税されます。つまり、その年の1月1日の時点で持っている人に、概ね5月頃に市役所から1年分の税額を4期に分けて支払うよう通知書が送られてきます。

ただし、年の途中で売却すると売却後は他人の土地になりますから、売買契約時に売却した人のその年の所有期間と買った人のその年の所有期間で清算した場合、買った人が負担した金額は売った人の譲渡所得の金額の計算上、売却金額に含めるのです。

例えば、その年の固定資産税が60万円であった場合、売買契約の日が3月31日であれば1月から3月までの分を売り主が負担して、4月から12月までを買い主が負担するので、「60万円

×9か月÷12か月の45万円」が売却金額に上乗せされるわけです。

このように納税者に指摘すると、「売買された土地の所有期間で各自が固定資産税を負担しているのだから当たり前のことをしているのに、なぜ収入金額に含めなければいけないのか」と苦情を言われることが多くありますが、理論としては次のようになります。

固定資産税はその年の1月1日の時点で持っている人にかかる税金なので、その年の1月1日時点で持っている人が全額を支払うべき税金なのです。それを買い主が一部負担するのですが、買い主が負担するに至った原因は土地を売ったことにあるから、固定資産税の清算金は土地売却の収入金額になるのです。

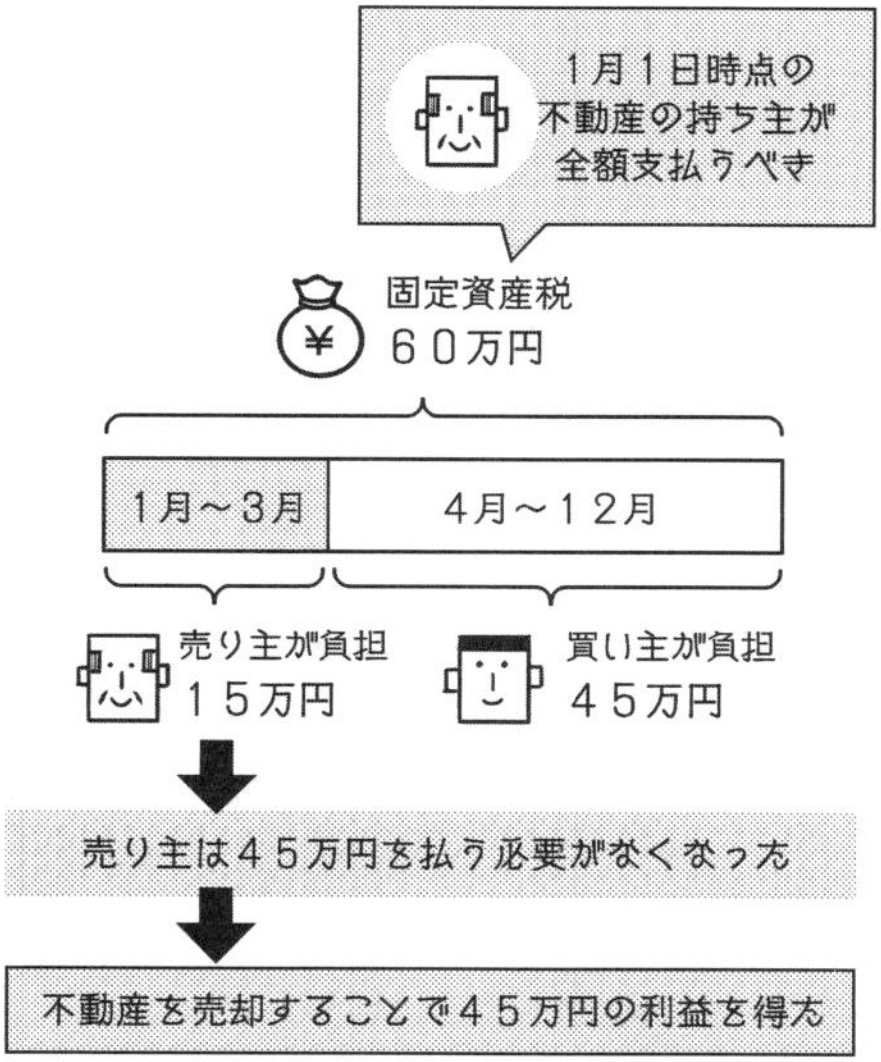

また、アパートを入居者が入ったまま第三者に売却した場合は、入居者が入ったときに後の家賃の不払いや出るときの修繕費に充てるために保証金を入居者から取っています。

この保証金をアパートの買い主と清算をしないような場合、本来は売却した人が所有していたのであれば入居者が出るときは、決められた保証金の返還をしなければならないのです。しかし、アパートの買い主がこれをそのままに引き継げば、売り主は入居者に返済すべきであった債務が解消されますから、マイナスがゼロとなり経済的利益を受けたのと同じになります。これも固定資産税の清算金同様に売却金額に上乗せされるわけですね。

また、稀なケースですが、代金の一部として農業用倉庫を建ててもらったとか、通常だったらやってもらえないようなことをしてもらった、土地を売った見返りとして何かをしてもらったというのも、土地を売った対価としてのものですから譲渡所得の収入金額（売り値）になります。申告漏れにはくれぐれも気をつけてくださいね。

7 固定資産の交換の特例にも厳しい目が

所得税法第58条に「固定資産の交換の場合の譲渡所得の特例」というものがあります。

この特例の適用要件は、次の4点です。

① それぞれが1年以上有していた固定資産（交換のために取得したものではない）であること

② 同種の資産であること

③　交換後も同じ用途に使うこと
④　交換差金が２割を超えないこと

上記４点をクリアすれば、この特例の適用を受けることができます。
この交換の特例を適用して申告された事案も調査の対象になることがあるんですね。
どのような事案が調査事案になるかは、この４つの要件に疑義がある事案です。

①に疑義があるケースは、例えばAはBの土地がどうしても欲しいという場合に、Bに土地を譲ってくれと申し出るのですが、Bは当面お金も要らないから売却するつもりはない、と言います。

しかし、どうしても欲しいのであれば、同じような条件の土地を用意してくれるのであればその土地と交換してもいいといったようなときに、どうしてもBの土地が欲しいAは、同じような条件のC土地を買って来て、Bとの土地と交換するんですね。

となると、Aは交換ために取得した土地になりますから、この所得税法第58条の交換の特例が認められないということになり、認められない場合はA及びBそれぞれが譲渡所得税の課税対象になります。

上記①から④の適用要件に１つでも合わないものは修正申告をして譲渡所得税を納めること

になります。

②の同種の資産を交換するというのが調査対象のケースは、例えば土地の上に家が建っている場合で、土地と家の価値がAがBに渡す甲物件は土地の価値が3000万円で家の価値が1000万円である一方、BがAに渡す乙物件は土地の価値が2000万円で家の価値が2000万円である場合は、全体の価値としてはどちらも4000万円で同額だが種類別に見ると同額ではない場合も④に交換差金が2割を超えないという規定があるので、同種の資産で見た場合にこの規定に適合していないので、A及びBどちらも譲渡所得税の課税対象になります。

③の交換後も同じ用途に使うというのは、AとBが畑同士を交換した場合に、Aはそのまま畑として利用しているが、Bは宅地に転用して家を建てたり、駐車場にしたりして従前の畑として利用していない場合は、Bは譲渡所得税の課税対象になります。

④の交換差金が2割を超えないというのは、例えばAがBに渡す甲物件が3000万円で、BがAに渡す乙物件が2400万円であればBはAに乙物件と600万円を渡すことになるので、600万円を3000万円で割ると20%だから2割を超えないことになり、基本的に特例は認められ、Aは600万円についての譲渡所得税を納めればいいわけです。

しかし、BがAに渡す乙物件が2000万円であれば、交換差金は1000万円になり交換差金は33%になるので交換の特例は否認され、Aは3000万円でBは2000万円で譲渡所得税を納めることになります。

また、④では手の込んだことをする人がいて、交換の特例の条件に合うように偽装する人がいるんですね。

それを税務調査で暴《あば》くわけですが、先の例で説明しますと、AがBに渡す甲物件が３０００万円、BがAに渡す乙物件が２０００万円の場合に、Aは甲物件を３分の２と３分の１に分筆するんですね。

分筆した結果は、甲－１物件の価値は２０００万円で甲－２物件の価値は１０００万円になります。

そのようにして甲－１物件と２物件を交換して交換の特例を受けるんです。

表面上は交換の特例要件に合致していますので税務調査官も見逃しがちですが、鋭い調査官は分筆して３分の１になった甲－２物件はどうなっているかを調査するんです。

この甲－２物件のその後を確認すると、AはCに売

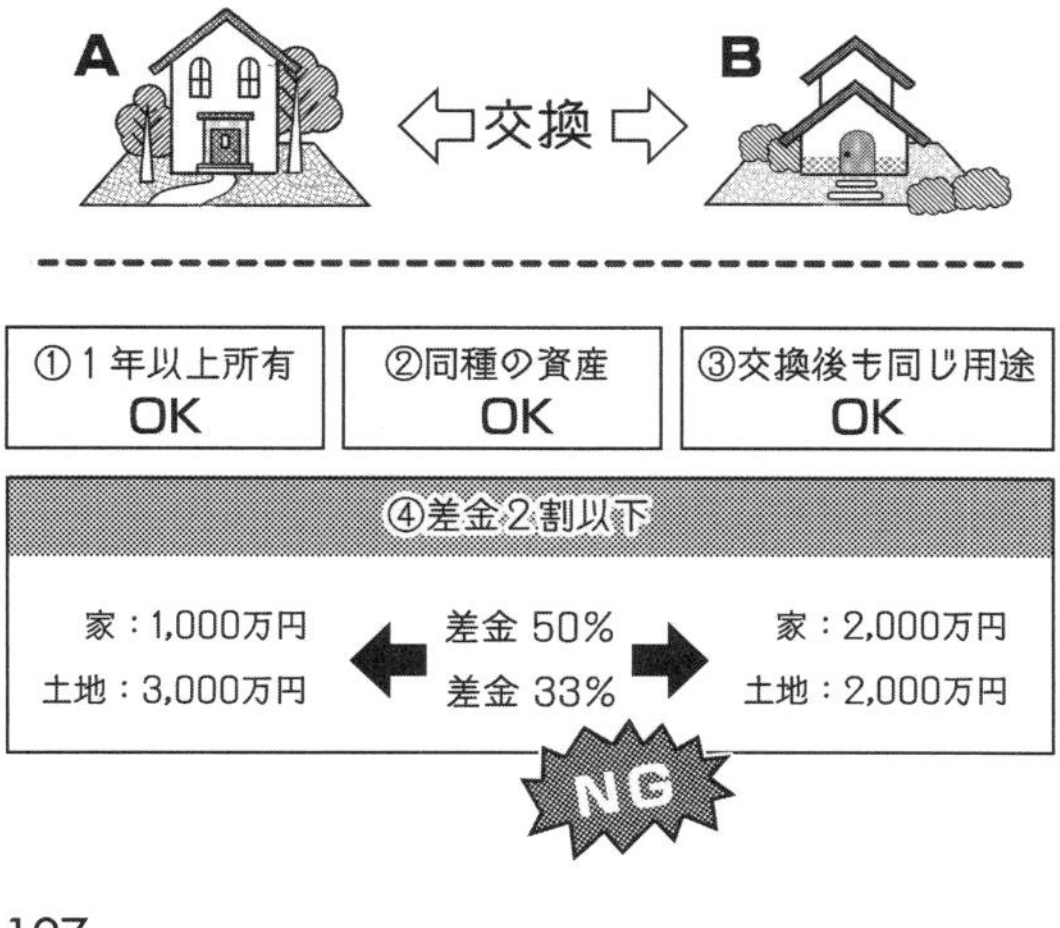

却しているとします。

このまま甲－２物件を買ったＣが利用していたら問題はありませんが、Ｃが甲－２物件を翌年にＢに売却していたりすると、最初から計画されていて交換の特例を適用するがための偽装工作ではないかと調査に着手します。

Ｃの購入代金と売却代金の資金出所や決済状況を確認して代金の支払いや受領がないときはＣを追及して取引の実態を暴きます。

結果、Ｃが「ＡとＢに頼まれて名義を貸しました。名義料しかもらっていません」などの供述を質問顚末書に取ってＡとＢに修正申告を促します。

所得税法第58条の交換の特例といっても、税務署はどうにかして課税に結びつかないかと目を光らせています。

8 不動産を手放したときはどんな場合も課税対象になる

不動産の譲渡所得税を考えるときは少し頭の切り替えが必要です。

譲渡所得税というのは、キャピタルゲイン（収益）にかかる税金であり、それはどのような理由であれどのような取得の方法であっても、一個人が不動産を取得して、その不動産を手放したときにかかる税金です。

また、不動産を手放したときの理由が贈与や相続以外は理由が何であるかも問いません。例えば、寄付であろうが、離婚によって相手に渡した場合であろうが、会社に現物出資した場合であろうが、競売にかけられた場合であろうが課税対象になります。

この頃離婚は頻繁に行われていて、私の周りでもバツ1というのは珍しくありません。この離婚に伴って、所有不動産を配偶者に渡すというケースがありますが、このとき不動産をもらう側の人の税金はどうなるんだろうと心配されますが、実は離婚の財産分与で不動産をもらう人には税金はかからず、離婚の財産分与で不動産を渡す人が譲渡所得税の課税対象になります。

ここのところはみなさん全く認識がないので、要注意です。

なぜそのようになるかですが、不動産というものは価値が日々変動しています。上場株式も平日に毎日取引がされていて変動していますね。

上場株式は証券取引所が取引価格を表示していますから、今日は30円上がったから儲かったとか、今日は25円下がったから損したとか日々時間時間によって現在の利益が分かりますが、それは確定していない損益であって売却して初めて損益が確定するんですね。

不動産も同じ考え方で課税が行われています。所有している期間中のことはどうであれ、自分の手から離れたときに利益があれば譲渡所得税がかかります。所有期間の清算をするということです。

自分の手から離れたときに時価が2000万円で取得価額が1500万円であれば500万円に対して20・315％（国税15・315％、地方税5％：長期譲渡所得の税率）の約102万円の確定申告と納税が必要です。

通常の売買であればみなさんそれも納得ですが、不動産を会社に現物出資した場合とか、離婚に伴い相手に渡した場合などは譲渡所得税の対象になるという認識自体が希薄で「なぜ無償で相手に渡したのに課税対象になるんだ！」と苦情を申し立てる方が少なくありません。

そもそもの譲渡所得税の考え方をみなさんご存じありませんから、税務調査官とこのようなトラブルが起きるのですが、譲渡所得税とは不動産を自分の手から離したときは税金の対象になるということは覚えておいてください。

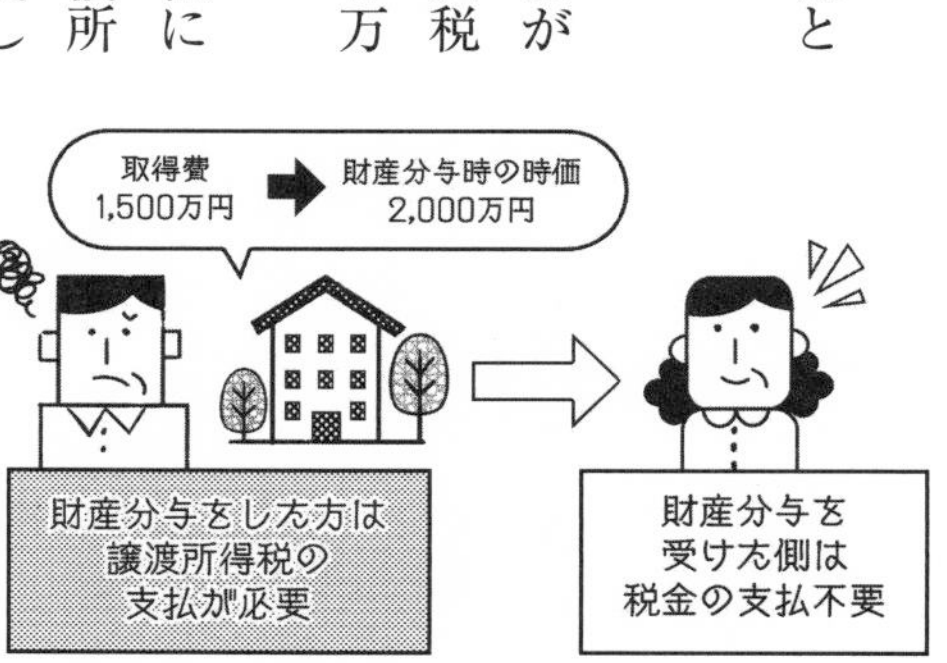
取得費
1,500万円
財産分与時の時価
2,000万円
財産分与をした方は
譲渡所得税の
支払が必要
財産分与を
受けた側は
税金の支払不要

もちろん税金は利益に対してしかかかりませんから、３０００万円で取得した不動産が現物出資したときや離婚で相手に渡すときの時価が２０００万円になっているなど、取得した価格よりも安くなっているときには確定申告も納税も必要ありません。

9　違約金の控除（有利な取引への変更）を利用した脱税

不動産の取引において「違約金の支払い」というものがあります。

どういうものかというと、ＡがＢに不動産を売ろうとして売り値３０００万円の売買契約書を作成しました。

売買契約を締結すれば、普通は手付金として売買金額の１割を買い主は売り主に渡します。売買契約金額が３０００万円であれば手付金は３００万円です。

しかし、折角締結した売買契約が売り主の何らかの理由で破棄されることがあります。

このようなことがないように、売買契約締結時に売買契約が破棄された場合は手付金の倍返しという約束がなされます。

倍返しなので、売り主は買い主だった人に６００万円を支払うことになります。

ただし、３００万円は先にもらっているので実際の持ち出し金は３００万円です。

なぜ、折角ＡとＢの間で締結された売買契約が破棄されるかというと、もっと高い値段で買ってくれる買い主Ｃが現れた場合などです。

ＡとＢ間で締結された売買契約が３０００万円であったものがＣは３５００万円で買ってくれるのであれば、違約金の３００万円をＢに支払ってもＡは２００万円の手取りが増えるのです。ということで、３００万円の違約金を支払ってでもＡは売買契約の破棄をすることになります。

また、この違約金は譲渡所得税の計算上経費に計上できることになっています。

このような取扱いを何でも利用しようとする姑息《こそく》な人がいます。

別に売買契約の破棄はなかったのに、あたかも契約破棄をしたように売買契約書を偽装して違約金を支払ったようにして譲渡所得税を少なくしようと企らむのです。

このような事案も税務調査官は見逃しません。調査事案に選定して実地調査を行います。

このような事案は、契約破棄をされたＢを攻めるのが一番手っ取り早いですね。

Ｂ宅に調査に赴き、購入したかった理由、手付金の資金の出処、契約解除までの経緯、違約金の受領状況などを調査して、本当に契約解除があったのかを解明します。

Ｂは契約解除をされた側だから、違約金の３００万円を手にしたからといって喜んでいるハズがありません。

相手の非常識や不義理を調査官に何でもしゃべり、税務調査官の訪問には全面的に協力するハズですが、この時にＢの態度が少しでも迷惑そうであれば、契約解除の偽装に手を貸したのではないかと察しがつきます。

協力しない態度だといよいよ税務調査官の調査には熱が入ります。

売買契約から契約破棄までの経緯、お金の流れを克明に調査して偽装の実態を解明し、最終的には架空経費の水増し事案として修正申告の提出と納税及び重加算税を賦課することになります。

実際に売買契約破棄による違約金の支払いがあれば、当然経費計上はＯＫです。

このように経費（取得費）に計上できるものとして、他には銀行借入金の利息があります。

どのような銀行利息が経費に計上できるかというと、売却した不動産を購入する際に購入代金を銀行から借り入れて売り主に支払った場合で、借入金につく利息については購入価格に加算できることになっています。

ただし、これにも条件がついていて利用開始までの期間までと限定されています。なぜ、利用開始までの銀行利子しか引かないかを説明します。例えば購入した土地の上に店舗を建築して商売を始めた場合やアスファルトを敷いて駐車場にした場合などは、商売であれば事業所得の経費として銀行利息が計上できるし、駐車場経営であれば不動産所得の経費として銀行利息が経費に計上できるからです。

とにかく譲渡所得の事案で多額の銀行利息が取得費に計上されている事案は、利用開始を調べることになります。

一方、取得費に計上できない代表的なものとしては、毎年市役所に支払っている固定資産税があります。

これは銀行利息と違って、利用開始がされていなくても譲渡所得の計算上取得費に計上できないことになっています。

ただし、これも事業所得や不動産所得の経費には計上できます。

このように意外なものが譲渡所得の取得費に計上できたり、これは当然取得費に計上できるだろうと思うものが計上できなかったりしますので、後で税務調査官から指摘を受けないよう、不動産を売った場合などは所得税の確定申告書を提出する前に税務署や資産税専門の税理士に確認されることをお勧めします。

10

底地を売却した場合の借地権と立退料

地主が底地を売却する場合があります。また借地人が借地権を売却することもあります。

地主が底地を売却する場合について説明します。

地主が土地を他人に貸している場合に、その土地に借り主が家を建てているときは、借り主に借地権があります。この借地権は結構な価値があり、場所によっては借地権の価値の方が高いところもあります。

ですから、地主が亡くなると、相続財産としては土地の価格からこの借地権相当額を差し引いた金額が相続財産となり、場所によって底地の価格が10％・借地権価格が90％という所もあります。

この借地権割合は、国税庁のホームページでみることができます。まず「路線価図・評価倍率表」を選択して、土地の所在地の都道府県を選択⇓地名を選択⇓路線価図ページ番号をクリックすると地図が表示されますので、その地図から土地の場所にある金額を見れば調べようとしている土地の路線価格が確認できます。みなさんも一度自分の家の土地はいくらになっているかを確認してください。

例えば、家の前の数字の表示が１００Dとなっていれば、数字は1平方メートル当たり１０００円単位で表示されていますから1平方メートル当たり10万円ということになります。

実際に相続が発生して相続税の申告をするときは緻密な評価を行いますが、概算を出すだけでしたら1平方メートル当たり１０００円単位で表示されている価格に土地の面積を掛ければ自分の家の土地の相続税評価は大体何千万円になるんだなということが掴めます。

数字の後ろに付いているアルファベットが借地権割合です。

アルファベットの数値はどこで確認するかは、路線価図の上部に借地権割合がAからGまで表示されています。Aは90%、Dは60%およびGは30%となっています。

都会から地方に行くほど借地権割合は下がっていきます。全体として多いのがDの借地権割合が60%の地域です。それでも地主よりも借地権者の権利の方が高いんです。

これを踏まえて、底地および借地権を売却する場合について説明をします。

地主が底地を借地権者に売るまたは借地権者が借地権を地主に売るということがあります。

この場合、地主あるいは借地権者どちらが相手に売ったとしても当然譲渡所得税の課税対象になります。

分かり易いように時価が１０００万円の時価額であったとして説明しますと、借地権者が地主に売却する場合は、この国税庁の路線価図に表示してある借地権割合を目安に売却価額を

６００万円と主張します。地主は安く買いたいですから半分半分で５００万円を提示します。

ここは双方の力関係と言いましょうか、買ってもらいたい方が弱い立場になるので、借地人の方がどうしても買ってもらいたい場合は地主の言い分に歩み寄らざるを得ません。

結果、売却金額は地主が借地権者から５００万円で買うことに決まりました。

国税庁が表示している借地権価格なら６００万円なのに、売却価額は５００万円になりました。この差額の１００万円は借地人から地主への贈与税の対象になるのか、地主がもし親などからこの年に１１０万円の贈与を受けていたら１００万円と１１０万円を合計して２１０万円の贈与を受けたことになるのかですが、この１００万円は贈与税の課税対象とはなりません。

借地権者の譲渡所得税は、借地権を売却するというようなケースは当然長期譲渡所得となりますので（５００万円－25万円）×２０・３１５％（国税１５・３１５％、地方税５％：長期譲渡所得の税率）で約96万円です。

25万円を差し引いたのは、買い値が分からないときは売り値５００万円の５％を買い値として差し引くことができます。

地主が借地権者に５００万円で売却した場合も譲渡所得税は同じになります。

また、地主が借地権者にではなく第三者に土地を売却するケースもあります。

第三者も借地権がついている土地を買うような人や法人は滅多にいません。

どうしても土地を売ってお金が欲しい地主は、借地人に立退料を支払って立ち退いてもらい、借地権など何も権利がついていない物件にして第三者に売ったりします。

この場合の譲渡所得の申告で間違いのある案件が見られます。

第三者に売った価格を2000万円、借地人に支払った立退料を800万円として間違いの内容を説明します。

このような譲渡所得税の確定申告では（2000万円－800万円）×20・315％（国税15・315％、地方税5％）で約244万円の税金という申告を目にします。

合っているんじゃないの、何が違うのと思われたでしょうが、正解は長期譲渡所得（1200万円－60万円）×20・315％（国税15・315％、地方税5％）で約232万円、短期譲渡所得（800万円－800万円）×39・63％（国税30・63％、地方税9％）で0円なんです。

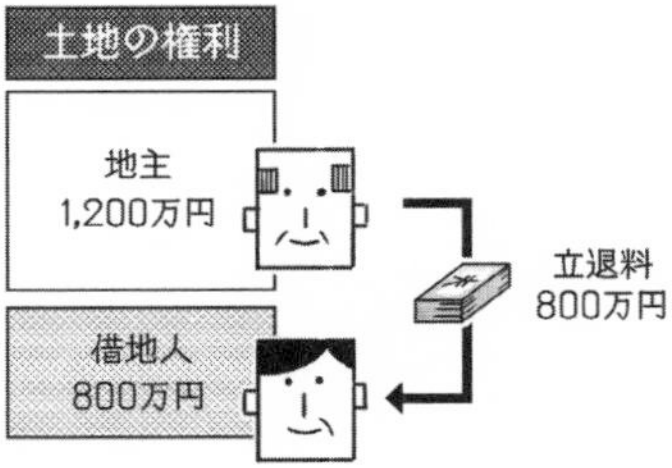

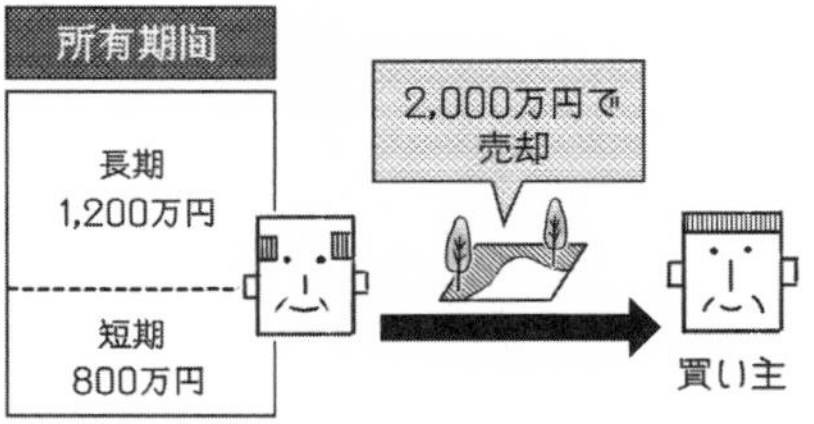

地主は借地権者から第三者に売却するために借地権を８００万円で購入して5年超さない内に売却しました。借地権部分は短期譲渡所得になって、土地の値段が変動しない内に第三者に売却したから短期譲渡所得で利益はなしなんです。

底地および借地権の売却の申告では、このように間違って税金を多く申告している人が度々いらっしゃいます。税理士が作っている確定申告書でも度々見ました。

この頃は親が住んでいた家には住まない、相続が発生したら売却したいと思っている方もたくさんいますが、親の家が借地である場合とか、親の土地は貸しているという場合など、その土地を売却する場合には、このことを覚えておいてください。あるいは資産税専門の税理士に確定申告を依頼するなどして、税金を納め過ぎないようにしてください。

ちなみに、私が税務調査官時代このような場合に連絡をしてまで税金を返すようなことはしませんでした。

11　事業用資産の買換えの特例の注意点（措置法第37条）の落とし穴？

租税特別措置法第37条に「特定の事業用資産の買換えの場合の譲渡所得の課税の特例」とい

う規定があります。

簡単に説明すると、事業用の資産を売却して事業用の資産を購入すれば80％に相当する部分は譲渡所得の課税を繰り延べるという規定です。

要は、5000万円の資産を売却して5000万円の資産を購入すれば、80％の4000万円に対する分には譲渡所得税をかけませんという規定です。


土地を5000万円で売却して5000万円の事業用の土地を買った場合、80％の部分つまり4000万円は課税の繰延べの特例が適用されるのです。

つまり1000万円について譲渡所得税がかかりますけど、この場合の税金は、1000万円－50万円（先祖代々の土地で買い値が分からない場合は売り値の5％）＝950万円、950万円×20・315％（国税15・315％、地方税5％：長期譲渡所得の税率）＝約193万円になります。

ここで注意しなければならないのは、この買換えの特例を使ったら「買い値は引き継ぎますが、買った時期は引き継がない」という点なんです。

「買い値は引き継ぐが、買った時期は引き継がない？」どういうことかといいますと、今回買換えで5000万円で買った土地を次に売却したときの買い値は、税金を納めた部分の

１０００万円＋４０００万円×５％＝１２００万円になるんです。

なぜそうなるかは、売った土地が先祖代々の土地で買い値が分からない場合は売値の５％ですから、４０００万円の５％の２００万円と税金を支払って買った土地は１０００万円ですから合計で１２００万円になります。

結果として、買換資産として５０００万円で買った土地を次に売った場合に、買い値として引けるのは１２００万円ということになります。

この金額で譲渡所得税を計算すると、

５０００万円－１２００万円＝３８００万円、３８００万円×２０・３１５％＝約７７２万円になり、先に納めた税金約１９３万円を足せば約９６５万円になります。

結果、特例を使わなくても将来は自分が売らなくても子供や孫が売りますから、通しで考えれば５０００万円－２５０万円＝４７５０万円、４７５０万円×２０・３１５％＝約９６５万円で特例を使う場合と使わない場合は同じなんです。

しかし、ここにとんでもないことが潜んでいます。先ほど、「買い値は引き継ぎますが、買った時期は引き継がない」と説明しました。

この「買い値は引き継ぐ」は説明しましたが、「買った時期は引き継がない」というのは、買換えの土地を買ったのは買った時ということです。

それがそんなに重大なことですか？　重大なんです。なぜかですが、買換えで買った土地を所有期間5年以内に売ると短期譲渡所得になるんです。何らかの事情で買換えで買った土地を5年以内に売ると、5000万円－1200万円＝3800万円、3800万円×39・63％（国税30・63％、地方税9％：長期譲渡所得の税率）＝約1506万円になり、先に納めた約193万円を足すと約1699万円になり、納める税金は実に約734万円も増えるんです。

買換資産を5年以内に売った人の納税相談で、「なぜ税金が倍近くになるのに売ったのか」と聞くのですが、「売るつもりはなかったが、どうしても資金繰りで売らざるを得なかった」とか言われますが、このように先々の資金繰りが気になる人は最初から買換えの特例を使わなければ税金は約965万円で済んでいたのです。

税法は熟知していないとどこで大損をするか分かりませんね。

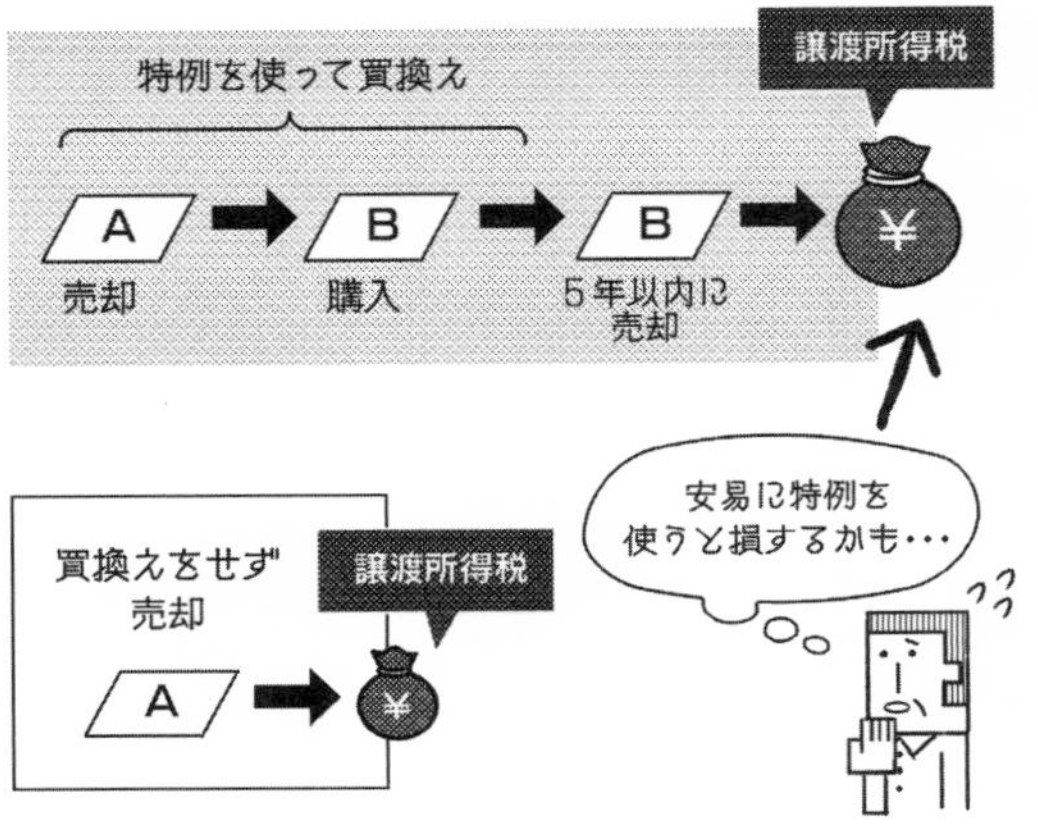

第8章

譲渡所得税調査こぼれ話

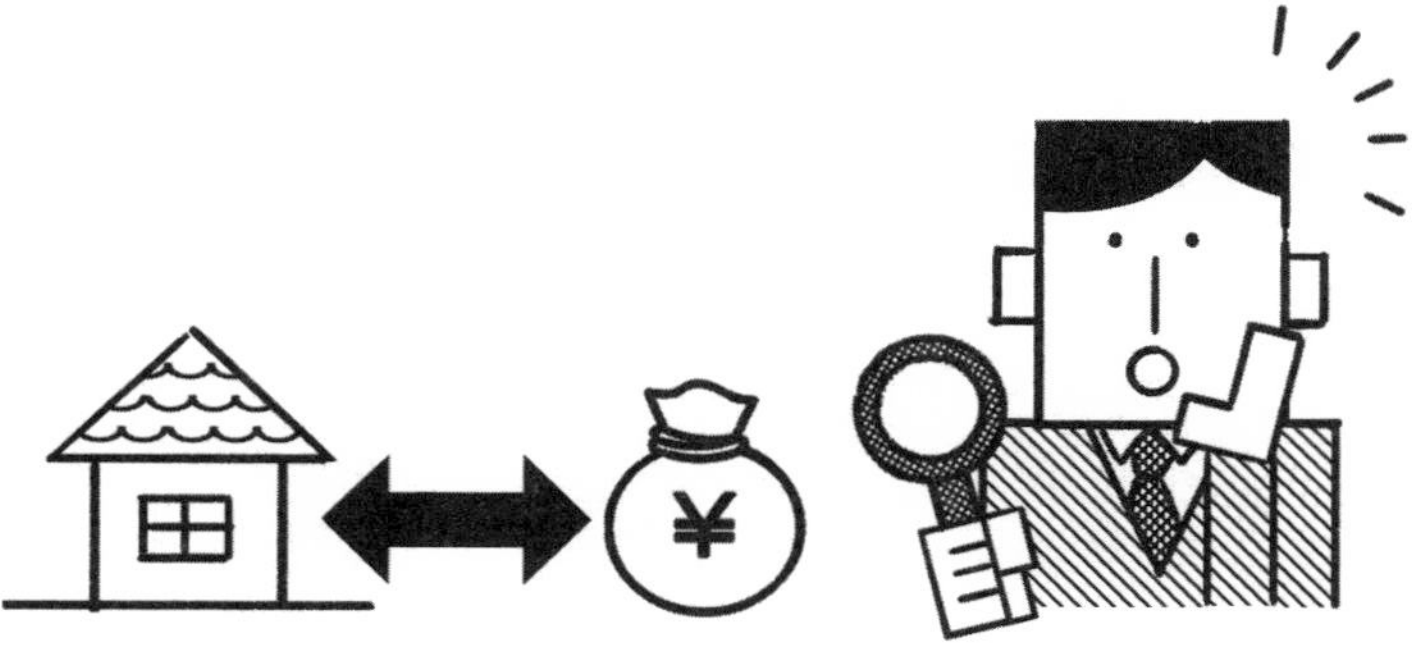

1 税務署よりも怖い世間の眼

税務署の資産課税部門というのは、相続税・贈与税担当というイメージが強いですが、不動産売買に関する譲渡所得についても担当しています。

平成3年のバブル崩壊後は土地を売っても赤字ばかりだから、税務署も譲渡所得の調査はしなくなったという経緯があります。

しかし、平成16・17年以降に買った土地は利益が出ている案件が出てきたので、そろそろ、税務署も譲渡所得の調査に動き出すであろうと言われています。

個人の事業者や会社に土地を売ると、事業者や法人は「不動産譲受対価の支払調書」というものを税務署に出さないといけないと規定されています。

この「支払調書」には購入年月日・買った金額・買った物件の所在地や地目および面積ともちろん買った者の氏名や会社の名称が表示されています。

ある時、上司から「秋山君、これ申告額が間違っているから修正申告をさせてくれ」と言われて、「譲渡所得の計算書」と「支払調書」を渡されました。「譲渡所得の計算書」の売却金額は３０００万円、「支払調書」の金額は３０８８万８千円となっていました。３０８８万８千円と８が３つ並んでいたので45年経った今でも良く覚えています。

買い主は、ゴルフ場開発業者でした。

「なるほど、８８万８千円が申告漏れになっているわ」と思い、早速本人に電話をしました。「もしもしAさんですか、○×税務署の秋山ですが譲渡所得の申告が間違っていますよね、修正申告をしていただきますから印鑑を持って税務署に来てください。」これが午前10時くらいでした。その日の午後３時ごろ、受付から「秋山さん、Aさんが見えています」という連絡が来たので通してもらったら、Aさんとバリっとスーツを着た人が事務室に入って来ました。

Aさんは小さくなっておられたので、直ぐにAさんと分かりましたが、この人は誰だろうと思い「こちらは、どなたですか？」と聞くと、やおら偉そうに「市会議員のBです」と名刺を出してきました。

昔はよくありました。調査に圧力をかけようとしたいのか、穏便に済ませてもらおうとするのか、このような人を連れて来る人がいました。

これは逆効果です。税務職員の本能に火がつきますから。だって、何もやましいことがなかったら、こんな人を連れて来る必要はないわけです。

圧力だけだったら、やましいことが何なのかを解明するまで徹底的に調べます。

話は逸れましたが、私は『たかが88万8千円のことで市会議員を連れて来るか』と内心思いながら、「Aさん、申告金額が違っていますよね」と言うとAさんは『はい』と素直に認めました。「いくら違いますか?」このような場合には「Aさん、申告金額が88万8千円違っていますよね」とは言いません。

なぜかと言いますと、もっと違っている可能性があるからです。

Aさんが「3088万8千円違っています」と言いました。私は顔には出しませんが「なに!」です。私は「はい結構です、総額で6088万8千円でいいですね」と再確認しました。Aさんは「はい、そうです」と言われます。

修正申告書を作って押印してもらいました。当時の長期譲渡所得の国税の税率は30%でしたから税金は約927万円です。

「これは重加算税対象になります。本税が約927万円で、重加算税は約278万円、合計約1205万円です、いいですか」

「はい、結構です」

「最後に一つお聞きしますが、このように別枠でお金をもらったのはAさんだけですか?」

「はい、私だけです」

「そうですか、お疲れさまでした」と、席を立とうとすると、Bが「秋山さん、ちょっとお願いがありまして」と切り出します。

「何ですか」と言うと、「このことはAさんの周りの地権者には黙っていて欲しいんですよ」

「はい、別枠でもらったのがAさんだけでしたらこれ以上調査はしません」と言いましたが、税務職員には、仕事上知り得たことを他に漏らしてはいけないという「守秘義務」がありますから、周りの人に言い触らすということはありません。

この案件は、地域の有力者であるAさんの土地を相場より安く買収することで、周りの地権者の土地をAさんの坪単価で買い取ろうとするゴルフ場開発業者の思惑があってAさんにだけ別枠の契約をしたものだったのです。

Aさんは、税務署よりも自分だけ約2倍の値段で業者に買ってもらったというのを、周りの人たちにバレるのが怖かったのです。

このようなことが近所の人たちにバレたら、そこには住めなくなりますからね。

この頃、駅前でミニ開発とかしていますが、みなさんもあの人が坪30万円で売ったと聞かれましても、地域の有力者だけ別単価というこ

ご近所のAさんは ○,○○○万円で 売ってくれましたよ！
そうなんですか？ じゃあウチもその位で 売ります

ともありますから、十分に注意してください。

ちなみに、本税と重加算税は翌日の朝一番で納税されていました。

2 中間登記省略事案は要注意

土地の譲渡所得税の調査案件で「中間登記省略」というものがあります。

これはどのようなものかと言いますと、登記資料では義務者（売った人）がA、権利者（買った人）がCなのにAが土地を売却したのはBというように、Bが所有権登記をしていないようなケースです。

これの何が問題かというと、本当はAとCの取引なのにAとCの間にBを介在させることで、Aは売り値を抑えて譲渡所得税を少なくしよう、Cは正規の相場でお金を出したのにAの譲渡所得税を少なくしようと協力すれば、将来自分が買った土地を売ったときには買い値が実際よりも安いわけだから自分がAの税金を被ることになってしまいます。

そういうAとCの思惑があって、Bを間に介在させるわけですが、税務署もこのような取引には目を光らせています。

みなさんは、Ｂから税金を取ればいいことだから一緒じゃないのと思われるかも知れませんが、Ｂはそもそも所在不明の者であったり、借金まみれで税金を課税できなくなっている者だったり、保証債務をでっち上げて課税できないような形にしているのです。

そこで、調査官は本当にＢが介在したのかを調査するのですが、Ｂが実際に住所地にいればＢを捕まえて、なぜこの物件を購入したのか、契約は何処でしたのか、契約時に立会人はいたのか、いたのであれば誰が立ち会ったのか、お金は何処から工面したのか、お金の受渡しはどこでしたのかなどを追及するのですが、このような取引はＡもＣも税務署から追及を受けることは想定済みなので、辻褄はキチンと合うように設定されています。

Ｂがいればこのように Ｂを追及することも可能ですが、Ｂは所在不明の場合が多いのです。

もともと存在しない人物を介在させたのか、本当はいたのかはＡとＣのみぞ知るですが、もちろんＡとＣは存在しない人物だとは口が裂けても言いません。

仕方ないから、銀行で売買代金の流れから実態を解明するこ

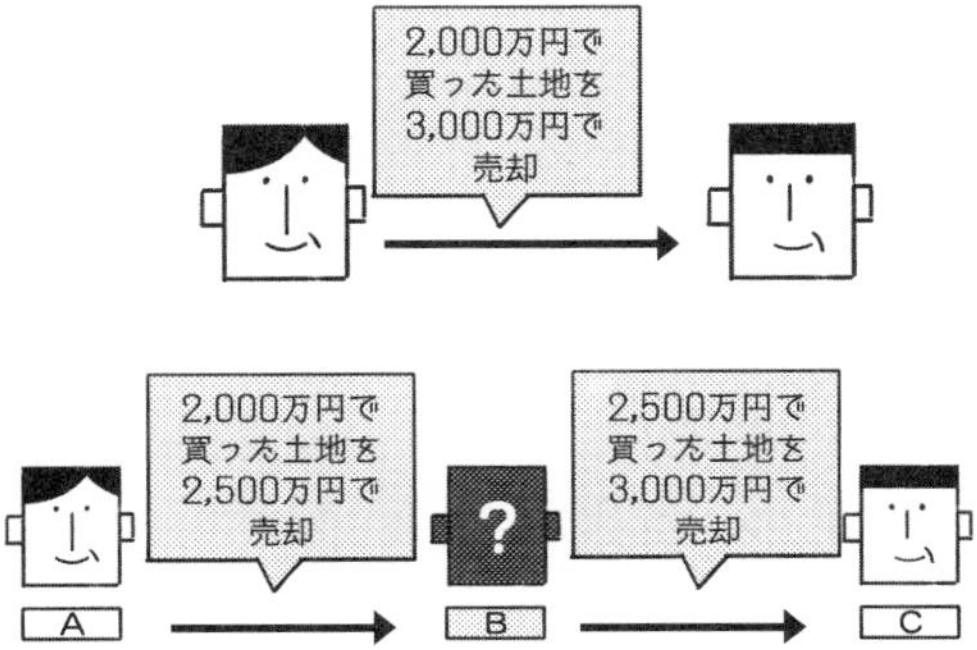

とになります。

Cの銀行取引から土地の購入資金の出どころを解明し、その資金の流れを追うのです。

Cは土地の購入代金をいつどこから引き出したか、Aは土地の売却代金をいつ入金しているかなどを調査して、辻褄が合わない点を探し出すのです。

たまにはCが銀行から土地の購入資金を借り入れしている場合などは、銀行の資金貸し出しの稟議書を確認すると、AとCの間で結ばれた正式な売買契約書を発見することもあります。

これを発見できれば、もう何も言わせません。修正申告書を出させて譲渡所得税の追徴と重加算税の賦課と一気に攻め落とさせます。

このようにして、中間登記省略事案の解明を行うのですが、土地の購入などは大きなお金が動き、買い主が登記をしないままに他に転売するというのは考えにくいため税務署では特に中間登記省略事案には目を光らせています。

3 長期譲渡所得と短期譲渡所得の注意点

譲渡所得の計算は、［売値－買値－仲介料］などの費用です。

この譲渡所得の価額に長期譲渡所得であれば20・315％（国税15・315％、地方税（5％）の税金がかかり、短期譲渡所得の場合は39・63％（国税30・63％、地方税（9％）の税金がかかります。

なお、国税には15％（長期譲渡所得の場合）と30％（短期譲渡所得の場合）を掛けて出た税額に2・1％の復興特別所得税がかかります。

例えば、譲渡所得が1000万円の場合で長期譲渡所得の場合の国税は、
1000万円×15％＝150万円と復興特別所得税が、
150万円×2・1％で3万1500円、
地方税が1000万円×5％＝50万円になり、
税金総額は203万1500円となります。

一方、譲渡所得が1000万円の場合で短期譲渡所得の場合の国税は、
1000万円×30％＝300万円と復興特別所得税が、
300万円×2・1％で6万3000円、
地方税が1000万円×9％＝90万円になり、

税金総額は396万3000円となります。

この長期譲渡所得と短期譲渡所得の違いですが、5年以上所有していれば長期譲渡所得になって、税額が概ね短期譲渡所得の半分になるというのは浸透していますが、買った日から5年が経過するのを待ちに待って売却される人がいます。

ここで失敗するのですが、長期譲渡所得の規定は、譲渡をする年の1月1日において5年以上所有していたものとなっていますので、実際の所有期間が5年を経過していても短期譲渡所得になる可能性があるということです。

例えば、2015年（平成27年）12月1日に買った物件を2020年（令和2年）12月15日に売却した場合は、実際は5年と15日が経過していますが、2020年（令和2年）1月1日においては4年1か月しか経過していないので短期譲渡所得になります。

そうですね、令和3年の1月1日の1か月遅く売れば長期譲渡所得になったものが、税法をよく理解していないがために約2倍の税金を納めることになるのです。

また、譲渡所得が長期譲渡所得になるのか短期譲渡所得になるのかの判断で迷うのが親からの贈与や相続で取得した場合です。

親からの贈与や相続で取得した場合は、親が買った日と買った価額を引き継ぐので気をつけてくださいね。

例えば、親が２０１８年（平成30年）７月に亡くなり、相続した土地を２０２０年１月に売却した場合、売却した相続人は表面上１年半しか所有していませんが、親が２０１４年12月31日以前に買った土地であれば、購入日は親が買った日ですから長期譲渡所得になります。

さらに、売却価額から差し引ける取得価額も親が買った価額が引き継がれます。

ここで肝心なのが、相続した際に親が買ったときの古い売買契約書を破棄してはいけないということです。結構な方が破棄されているのです。

この古い売買契約書がなくて買った値段が分からない場合は、最悪売った価額の５％しか引けませんから、売買契約書は親の時代のものでも必ず大切に保管しておきましょう。

○長期譲渡所得が適用できる○

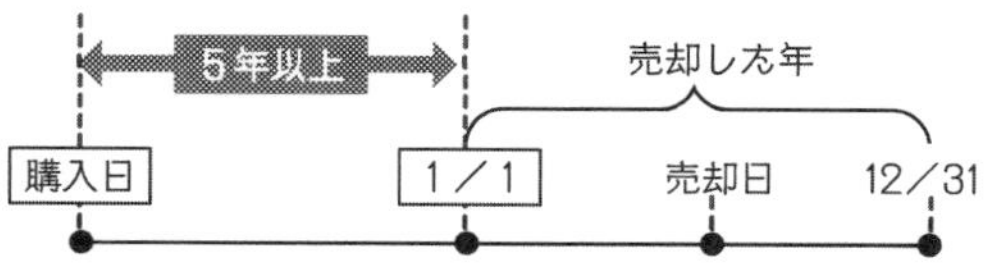

×長期譲渡所得が適用できない×

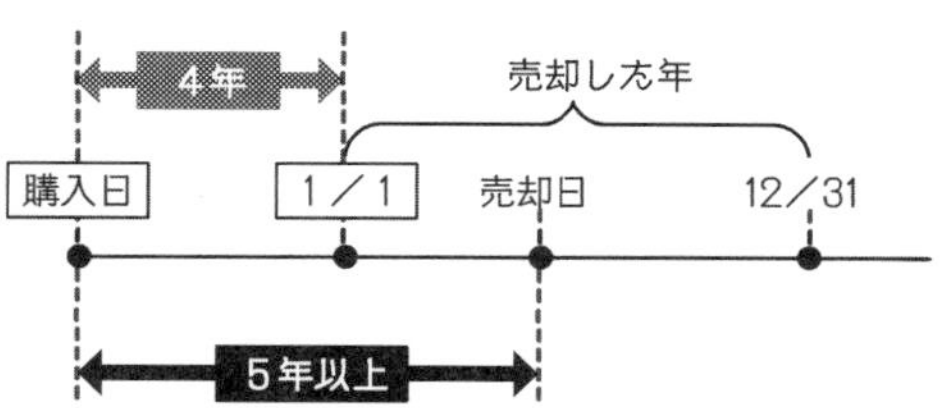

おわりに

現在、コロナウイルスの影響で申告期限の延長措置がとられています。

それでは税務調査はどうなるのかですが、令和2年に相続税の調査があるかも知れないという方にとっては非常に気になるところです。

令和2年10月から税務調査が再開されましたが、税務署も従来どおりの調査をするということもままならないと思います。

令和1年までは、申告のあった案件の約20%の（5件に1件）が調査対象になっていましたが、コロナが収束した後は10%になるでしょう。調査は10件に1件ということです。

相続人にとっては唯一の朗報ですね。なぜそうなるのかですが、所得税・法人税の調査と相続税の調査は基本的に違うのです。

所得税・法人税は継続性があります。毎年申告書を出している人が調査の対象者ですから、特に今年調査をしておかなければいけないということはないのです。

来年になってから、今年の分も一緒に調査すればいいわけです。

ところが、相続税は突発的に発生して相続税の申告書が出されますが、相続税の申告の対象者となるのは一生の内に1回だけですから、前年の申告者とは100%違う人なのです。ですから、所得税や法人税のように来年に今年の分の調査も一緒にするということができないから、必然的に調査をする件数を減らさざるを得ないのです。

それから職員の数の問題です。相続税担当の職員は全体の約6%しかいません。結局、倍の調査件数をやるだけの職員がいないのです。

平成30事務年度の相続税の調査の概要を説明しますと、亡くなる方の数は1年で約134万人です。そして相続税がかかる人は約11万人、全体の約8・3%です。

そして調査は、実地調査と簡易な調査を合わせると、合計2万2795件で、調査割合約20%になり約5件に1件が調査されています。

平成30年分の調査案件は手つかずのまま、それに令和1年分が加わって調査案件は倍増します。

しかし、税務署の資産税担当の人員は増えないでしょうし、他の部門から応援も望めないですから、高額案件に的を絞って調査をするか、極力、実地調査を止めて簡易な調査をするかになります。

いずれにしましても、調査件数が2分の1になることは否めません。ということで、調査は10件に1件ということになるのではないでしょうか。これで、ラッキーと思ったらいけません。

もちろん、調査を受ける予定だった方が、調査がなしになる可能性は高いでしょう。

しかし、10件の内の1件に入ってしまったら、選りすぐりの1件ということですから、かなりキツい調査を受けることになるでしょう。

と言うことは、決して気を緩めてはいけないということです。

付録1　相続のしくみ

被相続人

被相続人とは、亡くなられた人のことをいいます。

相続人

民法では、相続人の範囲と順位について以下のとおり定めています。

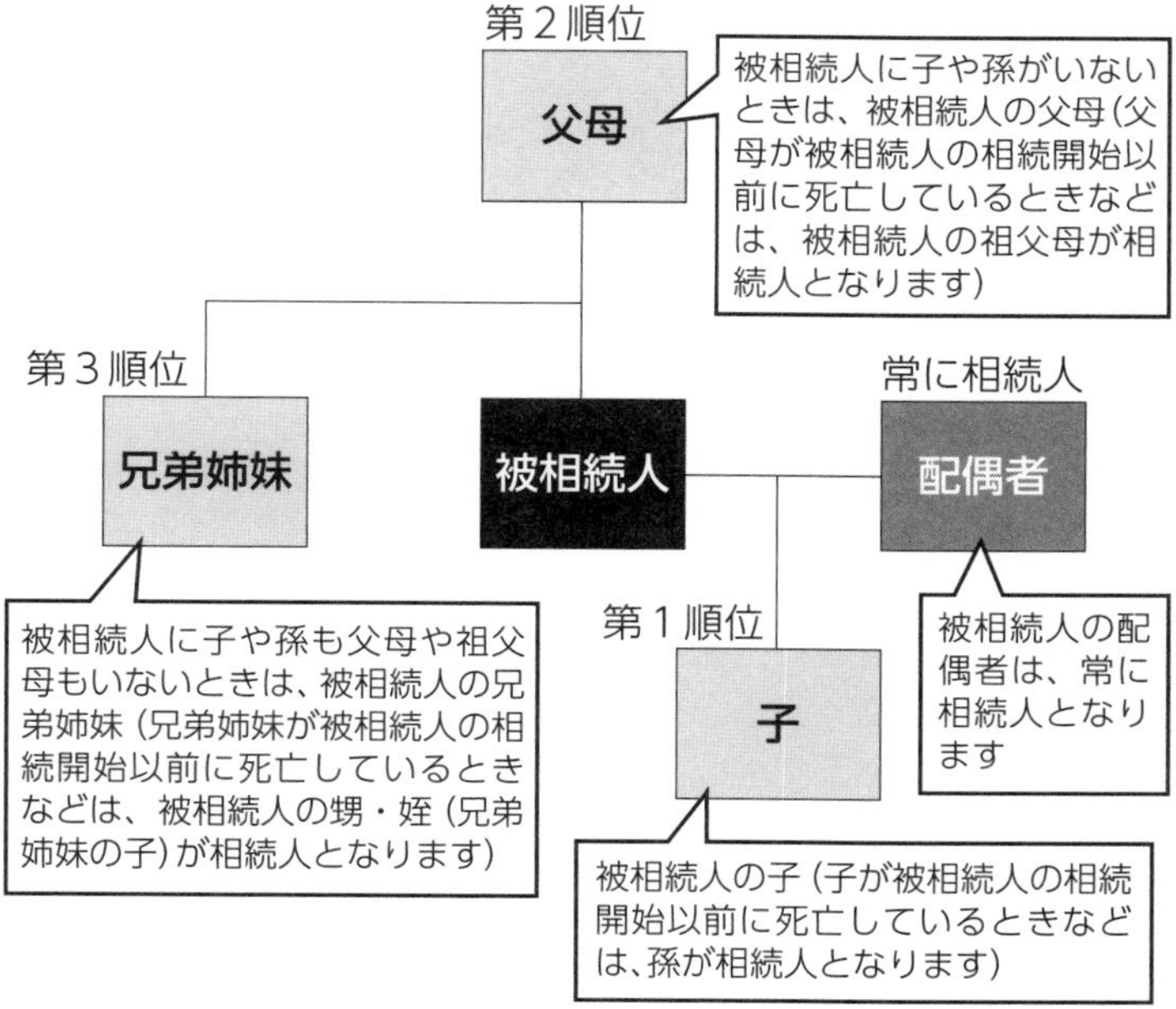
第２順位
父母
被相続人に子や孫がいないときは、被相続人の父母(父母が被相続人の相続開始以前に死亡しているときなどは、被相続人の祖父母が相続人となります)
第３順位
兄弟姉妹
被相続人
常に相続人
配偶者
被相続人に子や孫も父母や祖父母もいないときは、被相続人の兄弟姉妹(兄弟姉妹が被相続人の相続開始以前に死亡しているときなどは、被相続人の甥・姪(兄弟姉妹の子)が相続人となります)
第１順位
子
被相続人の配偶者は、常に相続人となります
被相続人の子(子が被相続人の相続開始以前に死亡しているときなどは、孫が相続人となります)

付録2　相続税のしくみ

ここでは相続税の計算のしかた（過程）を記載しています。

①　課税される財産

土地・建物、現金・預貯金、有価証券、事業用財産、家庭用財産、その他の財産など

②　課税される財産から控除できるもの

債務および葬式費用の価額

③　相続税の基礎控除（3,000万円+法定相続人の数×600万円）

相続人：1人	3,600万円
相続人：2人	4,200万円
相続人：3人	4,800万円
相続人：4人	5,400万円
相続人：5人	6,000万円

④　相続税の課税対象価額の算定

①　土地・建物、現金・預貯金、有価証券、事業用財産、家庭用財産、その他の財産など

②　債務および葬式費用の価額

③　相続税の基礎控除額

④　（①－②－③）相続税の課税対象価額

⑤　相続税の計算のしかた

1）上記④の課税対象価額に、各人の法定相続分を乗じる。

2）法定相続分を乗じた金額を相続税の速算表に当てはめて相続税額を算出する。

3）複数の相続人がいる場合は、上記1）～2）を繰り返す。

4）3）で求めた各相続人の相続税額を合計すると、その金額が相続税の総額になります。

5）なお、相続人の配偶者が財産を相続すれば、配偶者の税額軽減の特例（法定相続分もしくは1億6,000万円までは控除される）が受けられますから、上記4）で求めた相続税の総額が最終的に納税する相続税額ではありません。税額控除できるものには、配偶者の税額軽減のほかに未成年者控除や障害者控除などがあります。

付録３　速算表

【贈与税の速算表】

一般贈与財産用

区　分	200万円以下	300万円以下	400万円以下	600万円以下
税　率	10%	15%	20%	30%
控除額	—	10万円	25万円	65万円

区　分	1,000万円以下	1,500万円以下	3,000万円以下	3,000万円超
税　率	40%	45%	50%	55%
控除額	125万円	175万円	250万円	400万円

特例贈与財産用

区　分	200万円以下	400万円以下	600万円以下	1,000万円以下
税　率	10%	15%	20%	30%
控除額	—	10万円	30万円	90万円

区　分	1,500万円以下	3,000万円以下	4,500万円以下	4,500万円超
税　率	40%	45%	50%	55%
控除額	190万円	265万円	415万円	640万円

【相続税の速算表】

区　分	1,000万円以下	3,000万円以下	5,000万円以下	1億円以下
税　率	10%	15%	20%	30%
控除額	—	50万円	200万円	700万円

区　分	2億円以下	3億円以下	6億円以下	6億円超
税　率	40%	45%	50%	55%
控除額	1,700万円	2,700万円	4,200万円	7,200万円

付録４　試算

【ケース別にみた贈与税の試算】

一般贈与財産の場合

贈与財産額	基礎控除	課税価格	税　率	控除額	税　額	実質税率
1,000,000	1,100,000	0	0%	0	0	0.00
2,000,000		900,000	10%	0	90,000	4.50
3,000,000		1,900,000	10%	0	190,000	6.33
4,000,000		2,900,000	15%	100,000	335,000	8.38
5,000,000		3,900,000	20%	250,000	530,000	10.60
6,000,000		4,900,000	30%	650,000	820,000	13.67
7,000,000		5,900,000	30%	650,000	1,120,000	16.00
8,000,000		6,900,000	40%	1,250,000	1,510,000	18.88
9,000,000		7,900,000	40%	1,250,000	1,910,000	21.22
10,000,000		8,900,000	40%	1,250,000	2,310,000	23.10
15,000,000		13,900,000	45%	1,750,000	4,505,000	30.03
20,000,000		18,900,000	50%	2,500,000	6,950,000	34.75
30,000,000		28,900,000	50%	2,500,000	11,950,000	39.83
40,000,000		38,900,000	55%	4,000,000	17,395,000	43.49
50,000,000		48,900,000	55%	4,000,000	22,895,000	45.79
60,000,000		58,900,000	55%	4,000,000	28,395,000	47.33
70,000,000		68,900,000	55%	4,000,000	33,895,000	48.42
80,000,000		78,900,000	55%	4,000,000	39,395,000	49.24
90,000,000		88,900,000	55%	4,000,000	44,895,000	49.88
100,000,000		98,900,000	55%	4,000,000	50,395,000	50.40

特例贈与財産の場合

贈与財産額	基礎控除	課税価格	税　率	控除額	税　額	実質税率
1,000,000	1,100,000	0	0%	0	0	0.00
2,000,000		900,000	10%	0	90,000	4.50
3,000,000		1,900,000	10%	0	190,000	6.33
4,000,000		2,900,000	15%	100,000	335,000	8.38
5,000,000		3,900,000	15%	100,000	485,000	9.70
6,000,000		4,900,000	20%	300,000	680,000	11.33
7,000,000		5,900,000	20%	300,000	880,000	12.57
8,000,000		6,900,000	30%	900,000	1,170,000	14.63
9,000,000		7,900,000	30%	900,000	1,470,000	16.33
10,000,000		8,900,000	30%	900,000	1,770,000	17.70
15,000,000		13,900,000	40%	1,900,000	3,660,000	24.40
20,000,000		18,900,000	45%	2,650,000	5,855,000	29.28
30,000,000		28,900,000	45%	2,650,000	10,355,000	34.52
40,000,000		38,900,000	50%	4,150,000	15,300,000	38.25
50,000,000		48,900,000	55%	6,400,000	20,495,000	40.99
60,000,000		58,900,000	55%	6,400,000	25,995,000	43.33
70,000,000		68,900,000	55%	6,400,000	31,495,000	44.99
80,000,000		78,900,000	55%	6,400,000	36,995,000	46.24
90,000,000		88,900,000	55%	6,400,000	42,495,000	47.22
100,000,000		98,900,000	55%	6,400,000	47,995,000	48.00

【ケース別にみた相続税の試算】

ケース１（相続人が、配偶者と子供１人で法定相続分通りに相続した場合）

（単位：円、実質税率は％）

相続財産	基礎控除	課税価格	税　額	実質税率
42,000,000以下	42,000,000	0	0	0.00
50,000,000		8,000,000	400,000	0.80
60,000,000		18,000,000	900,000	1.50
70,000,000		28,000,000	1,600,000	2.29
80,000,000		38,000,000	2,350,000	2.94
90,000,000		48,000,000	3,100,000	3.44
100,000,000		58,000,000	3,850,000	3.85
200,000,000		158,000,000	16,700,000	8.35
300,000,000		258,000,000	34,600,000	11.53
400,000,000		358,000,000	54,600,000	13.65
500,000,000		458,000,000	76,050,000	15.21
600,000,000		558,000,000	98,550,000	16.43
700,000,000		658,000,000	122,500,000	17.50
800,000,000		758,000,000	147,500,000	18.44
900,000,000		858,000,000	172,500,000	19.17
1,000,000,000		958,000,000	197,500,000	19.75

ケース２（相続人が、配偶者と子供２人で法定相続分通りに相続した場合）

（単位：円、実質税率は％）

相続財産	基礎控除	課税価格	税　額	実質税率
48,000,000以下	48,000,000	0	0	0.00
50,000,000		2,000,000	100,000	0.20
60,000,000		12,000,000	600,000	1.00
70,000,000		22,000,000	1,125,000	1.61
80,000,000		32,000,000	1,750,000	2.19
90,000,000		42,000,000	2,400,000	2.67
100,000,000		52,000,000	3,150,000	3.15
200,000,000		152,000,000	13,500,000	6.75
300,000,000		252,000,000	28,600,000	9.53
400,000,000		352,000,000	46,100,000	11.53
500,000,000		452,000,000	65,550,000	13.11
600,000,000		552,000,000	86,800,000	14.47
700,000,000		652,000,000	108,700,000	15.53
800,000,000		752,000,000	131,200,000	16.40
900,000,000		852,000,000	154,350,000	17.15
1,000,000,000		952,000,000	178,100,000	17.81

ケース３（相続人が、配偶者と子供３人で法定相続分通りに相続した場合）

（単位：円、実質税率は％）

相続財産	基礎控除	課税価格	税　額	実質税率
54,000,000以下	54,000,000	0	0	0.00
60,000,000		6,000,000	300,000	0.50
70,000,000		16,000,000	799,800	1.14
80,000,000		26,000,000	1,374,900	1.72
90,000,000		36,000,000	1,999,800	2.22
100,000,000		46,000,000	2,624,700	2.62
200,000,000		146,000,000	12,174,900	6.09
300,000,000		246,000,000	25,399,800	8.47
400,000,000		346,000,000	41,549,700	10.39
500,000,000		446,000,000	59,624,700	11.92
600,000,000		546,000,000	78,375,000	13.06
700,000,000		646,000,000	98,849,400	14.12
800,000,000		746,000,000	121,349,700	15.17
900,000,000		846,000,000	143,850,000	15.98
1,000,000,000		946,000,000	166,349,400	16.63

ケース４（相続人が子供１人の場合）

（単位：円、実質税率は％）

相続財産	基礎控除	課税価格	税　額	実質税率
36,000,000以下	36,000,000	0	0	0.00
40,000,000		4,000,000	400,000	1.00
50,000,000		14,000,000	1,600,000	3.20
60,000,000		24,000,000	3,100,000	5.17
70,000,000		34,000,000	4,800,000	6.86
80,000,000		44,000,000	6,800,000	8.50
90,000,000		54,000,000	9,200,000	10.22
100,000,000		64,000,000	12,200,000	12.20
200,000,000		164,000,000	48,600,000	24.30
300,000,000		264,000,000	91,800,000	30.60
400,000,000		364,000,000	140,000,000	35.00
500,000,000		464,000,000	190,000,000	38.00
600,000,000		564,000,000	240,000,000	40.00
700,000,000		664,000,000	293,200,000	41.89
800,000,000		764,000,000	348,200,000	43.53
900,000,000		864,000,000	403,200,000	44.80
1,000,000,000		964,000,000	458,200,000	45.82

【著者紹介】

秋山　清成（あきやま　きよしげ）

1955年（昭和30年）1月15日生まれ，福岡県八女市出身。

1973年（昭和48年）3月，福岡県立福島高等学校卒業。

同年4月，大阪国税局に採用される。1974年（昭和49年）6月まで，税務大学校大阪研修所（大阪府枚方市）に入校。

昭和49年7月から平成27年7月まで41年間，大阪国税局・各税務署および国税不服審判所において，主に資産課税（相続税・贈与税ならびに譲渡所得税担当）の調査等の事務に従事する。この間，銀行・証券会社・医師会およびライオンズクラブなどにおいて多数の講演会講師を務める。

2015年（平成27年）7月，明石税務署：副署長で退職。

同年11月，姫路市佃町31パークサイドツクダ205にて秋山清成税理士事務所（相続税・贈与税専門）を開業。

秋山清成税理士事務所のホームページ：https://www.souzoku-akiyama.com/

厳しい税務調査がやってくる
続 間違いだらけの相続税対策

2021年1月25日　第1版第1刷発行

著　者　秋　山　清　成
発行者　山　本　　継
発行所　㈱中央経済社
発売元　㈱中央経済グループパブリッシング

〒101-0051　東京都千代田区神田神保町1-31-2
電話　03（3293）3371（編集代表）
03（3293）3381（営業代表）
https://www.chuokeizai.co.jp
印刷／三　英　印　刷　㈱
製本／誠　製　本　㈱

ISBN978-4-502-37201-8　C3034